CE LIVRE APPARTIENT À :

_____

_____

BLAGUE 1

C'EST VRAI QUE CETTE OPÉRATION NE RÉUSSIT QU'UNE FOIS SUR CENT ?

OUI, RÉPOND LE MÉDECIN, MAIS VOUS AVEZ DE LA CHANCE LES 99 PRÉCÉDENTS SONT MORTS.

BLAGUE 2

- DOCTEUR, MON MARI ME DIT QUE JE SUIS EN LÉGER SURPOIDS. VOUS EN PENSEZ QUOI, VOUS ?
- JE NE SAIS PAS. MAIS VU VOTRE POIDS, VOUS DEVRIEZ MESURER 2 MÈTRES 50 !

BLAGUE 3

UNE GRANDE TENSION RÈGNE DANS LA SALLE D'OPÉRATION. LE GYNÉCOLOGUE ET LE CHIRURGIEN S'AFFAIRENT À UNE CÉSARIENNE COMPLIQUÉE. PLUS TARD, UNE FOIS QUE TOUT S'EST TRÈS BIEN PASSÉ, L'ANESTHÉSISTE DEMANDE SI C'ÉTAIT UNE FILLE OU UN GARÇON.

- JE NE SAIS PAS, RÉPOND LE CHIRURGIEN QUI N'A PAS PRIS GARDE À CE DÉTAIL.
- MOI NON PLUS, DIT LE GYNÉCOLOGUE.

UNE JEUNE INFIRMIÈRE STAGIAIRE QUI AVAIT PARTICIPÉ À L'OPÉRATION, S'AVANCE TIMIDEMENT :

- JE VOUS PRIE DE M'EXCUSER, MAIS SI VOUS ME PERMETTIEZ DE VOIR LE BÉBÉ UN INSTANT, JE POURRAIS PEUT-ÊTRE VOUS RENSEIGNER...

BLAGUE 4

UNE JEUNE MÈRE TÉLÉPHONE À SON PÉDIATRE.

- DOCTEUR, J'AI ACHETÉ LE LIVRE DE PÉDIATRIE QUE VOUS M'AVEZ CONSEILLÉ.

- TRÈS BIEN !

- MAIS À LA PAGE 56, IL EST ÉCRIT ET JE CITE : « QUAND BÉBÉ A FINI SON BIBERON, LAVEZ-LE À L'EAU BOUILLANTE ET NETTOYEZ L'INTÉRIEUR AVEC UN GOUPILLON. »

- EH BIEN, ÇA ME SEMBLE UN EXCELLENT CONSEIL D'HYGIÈNE, DIT LE PÉDIATRE.

- OUI, MAIS MON BÉBÉ N'A PAS DU TOUT APPRÉCIÉ LE TRAITEMENT.

BLAGUE 5

UN MALADE VA VOIR UN GUÉRISSEUR ET LUI DIT :

- POUVEZ-VOUS ME SOIGNER, J'AI LA GRIPPE ?

- BZZ...BZZ...VOUS ÊTES GUÉRI ! RÉPOND LE GUÉRISSEUR.

- BZZ...BZZ...VOUS ÊTES PAYÉ ! RÉTORQUE LE PATIENT.

BLAGUE 6

- DOCTEUR, J'AI SI MAL À LA TÊTE !

- DANS CE CAS, VOUS ALLEZ PRENDRE CES PILULES EN FLACON. REVENEZ DEMAIN ET DITES-MOI SI ÇA VOUS A AIDÉ.

LE LENDEMAIN :

- ALORS, ÇA VA MIEUX ?

- À VRAI DIRE, DOCTEUR, JE NE SAIS PAS, ÇA A FAIT VRAIMENT MAL QUAND J'AI VOULU AVALER LE FLACON !

BLAGUE 7

ON DEMANDE À UN INGÉNIEUR ET À UN ÉTUDIANT EN MÉDECINE D'APPRENDRE L'ANNUAIRE PAR CŒUR. LE PREMIER DEMANDE « POURQUOI ? ». LE FUTUR MÉDECIN RÉPOND « POUR QUAND ? ».

BLAGUE 8

À 21 HEURES, LE TÉLÉPHONE SONNE AU DOMICILE D'UN MÉDECIN QUI DÉCROCHE. UN COLLÈGUE LUI DIT :

- ON A BESOIN D'UN QUATRIÈME POUR UN POKER !

- J'ARRIVE DANS 10 MINUTES.

- C'EST GRAVE ? DEMANDE SA FEMME.

- C'EST TRÈS GRAVE, IL Y A DÉJÀ TROIS MÉDECINS SUR PLACE !

BLAGUE 9

DEUX MAMIES BOIVENT LE THÉ. LA PREMIÈRE DIT À L'AUTRE : « QUAND J'ALLAIS VOIR MON MÉDECIN LORSQUE J'ÉTAIS JEUNE IL ME FAISAIT ME DÉSHABILLER ENTIÈREMENT À CHAQUE AUSCULTATION. AUJOURD'HUI IL ME DEMANDE JUSTE D'OUVRIR LA BOUCHE ET DE TIRER LA LANGUE. »

SA COPINE DE LUI RÉPONDRE : « C'EST FOU CE QUE LA MÉDECINE A FAIT COMME PROGRÈS. »

BLAGUE 10

LORS D'UNE CONSULTATION À L'HÔPITAL, LE MÉDECIN EXPLIQUE À SON PATIENT QU'IL N'A PLUS QUE DOUZE HEURES À VIVRE. SUR CE, L'HOMME RENTRE CHEZ LUI ET ANNONCE LA MAUVAISE NOUVELLE À SA FEMME, PUIS IL AJOUTE :

- PENDANT CES DOUZE HEURES, J'AIMERAIS FAIRE D'ABORD UN BON DÎNER, ENSUITE ALLER BOIRE ET DANSER TOUT LE RESTE DE LA NUIT...

SA FEMME LUI RÉPOND ALORS : « OH LÀ LÀ, ON VOIT BIEN QUE TU N'AS PAS À TE LEVER DEMAIN MATIN ! »

BLAGUE 11

LE PSYCHIATRE :

- JE NE CONNAIS PAS VOTRE PROBLÈME. PEUT-ÊTRE SERAIT-IL BON QUE VOUS COMMENCIEZ PAR LE COMMENCEMENT.

LE PATIENT :

- D'ACCORD. EH BIEN, AU COMMENCEMENT, J'AI CRÉÉ LE CIEL ET LA TERRE...

BLAGUE 12

TARZAN ATTEND À LA MATERNITÉ, CAR JANE EST EN TRAIN D'ACCOUCHER. TARZAN S'IMPATIENTE, VOIT ENFIN UNE INFIRMIÈRE QUI SORT DE LA SALLE ET LUI DEMANDE :

- ALORS, C'EST UN GARÇON OU UNE FILLE ?

ET L'INFIRMIÈRE LUI RÉPOND :

- ON NE SAIT PAS, MONSIEUR, NOUS N'AVONS PAS ENCORE RÉUSSI À L'ATTRAPER !

BLAGUE 13

QUE FAIT-ON APRÈS AVOIR SERRÉ LA MAIN À UN LÉPREUX ?

ON LA LUI REND...

BLAGUE 14

- DOCTEUR, MA FEMME PENSE QU'ELLE EST UN RÉFRIGÉRATEUR !

- NE VOUS INQUIÉTEZ PAS, ÇA VA PASSER, LUI RÉPOND LE PSYCHANALYSTE.

- LE PROBLÈME, DOCTEUR, C'EST QU'ELLE DORT LA BOUCHE OUVERTE ET CETTE SATANÉE LUMIÈRE M'EMPÊCHE DE DORMIR.

BLAGUE 15

À LA MATERNITÉ, UNE JEUNE MAMAN AYANT TOUT JUSTE ACCOUCHÉ, SORT DE SON LIT EN ROBE DE CHAMBRE ET SE DIRIGE VERS LE BUREAU DES INFIRMIÈRES ET DEMANDE UN ANNUAIRE TÉLÉPHONIQUE.

« QU'EST-CE QUE VOUS FAITES ICI ?! VOUS DEVRIEZ ÊTRE DANS VOTRE CHAMBRE EN TRAIN DE VOUS REPOSER, DIT LE MÉDECIN ACCOUCHEUR QUI PASSAIT PAR LÀ.

- JE VOULAIS JUSTE TROUVER UN NOM DANS L'ANNUAIRE POUR MON BÉBÉ.

- MAIS JE NE COMPRENDS PAS, LORSQUE VOUS ÊTES ARRIVÉE, L'HÔPITAL VOUS A BIEN FOURNI UN PETIT LIVRE POUR VOUS AIDER À CHOISIR UN PRÉNOM POUR VOTRE ENFANT !

- VOUS NE COMPRENEZ PAS... J'AI DÉJÀ TROUVÉ LE PRÉNOM... NE ME MANQUE PLUS QUE LE NOM.

BLAGUE 16

UN PROFESSEUR D'ANATOMIE INTERROGE À UN EXAMEN UNE FUTURE JEUNE ÉLÈVE INFIRMIÈRE :

- QUELLE EST LA PARTIE DU CORPS QUI SE DILATE JUSQU'À ATTEINDRE 7 FOIS SA TAILLE INITIALE ?

LA JEUNE FEMME COMMENCE À ROUGIR ET À BALBUTIER DE MANIÈRE ININTELLIGIBLE... LE PROFESSEUR LUI DIT ALORS :

- JE VOUS INTERROMPS TOUT DE SUITE, MADEMOISELLE. JE CROIS QUE VOUS FAITES FAUSSE ROUTE... IL S'AGIT DE LA PUPILLE !

  ET D'AILLEURS, JE CROIS QUE VOUS ALLEZ AU-DEVANT DE GRANDES DÉSILLUSIONS !

BLAGUE 17

UN CHIRURGIEN EST EN PLEINE OPÉRATION DE L'APPENDICITE LORSQU'IL SE REND COMPTE QUE QUELQUE CHOSE NE VA PAS.

- MAIS CE PATIENT N'A PLUS D'APPENDICE ! S'ÉTONNE-T-IL.
- OH ! MINCE, DIT L'INFIRMIÈRE, C'EST L'EMPLOYÉ DES POSTES QUI OCCUPE LA CHAMBRE 24. IL EST ICI POUR UNE OPÉRATION DES AMYGDALES. ON A DÛ LE CONFONDRE AVEC SON VOISIN DE CHAMBRE.
- BON, FAIT LE CHIRURGIEN, VOUS LE RECOUSEZ ET NOUS VERRONS ÇA PLUS TARD.
- ET S'IL DIT QUELQUE CHOSE À SON RÉVEIL ?
- NOTEZ SUR LA FEUILLE DE SOINS : « OUVERT PAR ERREUR ».

BLAGUE 18

- LE DOCTEUR M'A DIT QUE JE SERAI SUR PIED EN DEUX SEMAINES...
- ET ALORS ? IL AVAIT RAISON ?
- OUAIS, VU QUE J'AI DÛ VENDRE MA VOITURE POUR PAYER SA FACTURE.

BLAGUE 19

- DOCTEUR, J'AI BESOIN DE LUNETTES.

- EN EFFET, CAR ICI C'EST UNE BANQUE !

BLAGUE 20

LE MÉDECIN-CHEF DE L'HÔPITAL EXAMINE UN BLESSÉ EN PITOYABLE ÉTAT.

- DOUBLE FRACTURE DU FÉMUR, ANNONCE-T-IL.

- ÇA, C'EST MON ACCIDENT, DIT LE MALHEUREUX.

- TROIS CÔTES CASSÉES...

- C'EST MON ACCIDENT.

- DEUX VERTÈBRES BRISÉES...

- TOUJOURS MON ACCIDENT.

- ET CET ŒIL AU BEURRE NOIR, JE SUPPOSE QU'IL A ÉGALEMENT ÉTÉ CAUSÉ PAR VOTRE ACCIDENT ?

- NON, ÇA C'EST L'INFIRMIÈRE QUI N'A PAS APPRÉCIÉ MES AVANCES.

BLAGUE 21

C'EST UN SANGLIER QUI RENCONTRE UN COCHON.... ET IL LUI DEMANDE « ÇA VA TA CHIMIO ? »

BLAGUE 22

- DOCTEUR, CE MATIN EN ME REGARDANT DANS LE MIROIR, J'AI CONSTATÉ, QUE J'AVAIS UN ŒIL QUI N'ÉTAIT PAS COMME L'AUTRE.

- HA OUI, LEQUEL ?

BLAGUE 23

LE DOCTEUR VIENT DE FINIR L'EXAMEN DE SON PATIENT ET LUI DIT :

- JE NE VOIS PAS BIEN QUEL EST VOTRE PROBLÈME. MAIS POUR ÊTRE FRANC AVEC VOUS, JE PENSE QUE C'EST DÛ À L'EXCÈS D'ALCOOL.

LE PATIENT RÉPOND :

- DANS CE CAS, JE REVIENDRAI QUAND VOUS AUREZ DESSOÛLÉ.

BLAGUE 24

UNE DAME UN PEU DISTRAITE RENVERSE PAR MÉGARDE UN PIÉTON. ELLE SORT ALORS DE SON VÉHICULE ET S'APPROCHE DE L'HOMME AUQUEL ELLE DIT :

- DÉSOLÉ MONSIEUR ! MAIS NE VOUS INQUIÉTEZ PAS. IL Y A UN CABINET DE MÉDECIN JUSTE EN FACE, JE VOUS Y AMÈNE.

L'HOMME, TOUJOURS ALLONGÉ PAR TERRE, RÉPOND :

- LE SEUL PROBLÈME C'EST QUE LE MÉDECIN EN QUESTION C'EST MOI.

BLAGUE 25

UN AUTOMOBILISTE SE RÉVEILLE À L'HÔPITAL. IL REGARDE SON VOISIN ET DIT :

- EXCUSEZ-MOI. NOUS NE NOUS SOMMES PAS DÉJÀ RENCONTRÉS ?

- SI. C'EST MÊME POUR CELA QUE NOUS SOMMES ICI !

BLAGUE 26

C'EST UNE FEMME QUI VA CHEZ LE MÉDECIN :

- DOCTEUR, IL M'ARRIVE UN TRUC BIZARRE : QUAND J'ENLÈVE MON SOUTIEN-GORGE, J'AI LES SEINS QUI REMONTENT !

- AH BON, VOYONS VOIR ÇA...

LA DAME SE DÉSHABILLE ET ENLÈVE SON SOUTIEN-GORGE, ET EN EFFET, SES DEUX SEINS REMONTENT.

- ÇA ALORS, DIT LE MÉDECIN, C'EST VRAIMENT CURIEUX. ET ÇA VOUS FAIT ÇA TOUT LE TEMPS ?

- OUI, DOCTEUR. ELLE REMET SON SOUTIEN-GORGE PUIS LE RETIRE AUSSITÔT, ET DE NOUVEAU, HOP, LES SEINS REMONTENT.

- OUI, OUI, OUI, FAIT LE MÉDECIN SONGEUR, JE VOIS...

- VOUS SAVEZ CE QUE C'EST, DEMANDE LA PATIENTE ?

- NON, RÉPOND LE MÉDECIN, MAIS EN TOUT CAS C'EST CONTAGIEUX.

BLAGUE 27

QUELLE EST LA DIFFÉRENCE ENTRE UN FOU ET UN PSYCHIATRE ?

- C'EST SIMPLE, L'UN PREND SA FOLIE AU SÉRIEUX, L'AUTRE PAS !

BLAGUE 28

UNE FEMME ET UN HOMME FONT L'AMOUR.

APRÈS L'ACTE SEXUEL, L'HOMME DEMANDE :

– TU ES INFIRMIÈRE ?

– OUI, POURQUOI ?

– PARCE QUE TU TE LAVES LES MAINS AVANT ET APRÈS L'ACTE...

– ET TOI, TU ES ANESTHÉSISTE ?

– OUI, POURQUOI ?

– PARCE QUE J'AI RIEN SENTI.

BLAGUE 29

DEUX PSYCHIATRES, AMIS DEPUIS LA FAC, SE RETROUVENT LORS D'UN CONGRÈS PSYCHIATRIQUE.

ILS PRENNENT UN VERRE DE CHAMPAGNE ET PAPOTENT DEVANT LE BUFFET :

– ET TOI ALORS, DIS-MOI, QUEL A ÉTÉ TON CAS LE PLUS DIFFICILE ? DEMANDE LE PREMIER.

– J'AI EU UN PATIENT QUI VIVAIT DANS UN MONDE COMPLÈTEMENT IMAGINAIRE. IL CROYAIT AVEC FORCE QU'UN BEAU JOUR, UN ONCLE VIVANT AUX ÉTATS-UNIS ALLAIT MOURIR ET LUI LAISSER UNE VRAIE FORTUNE À LUI TOUT SEUL. DU MATIN JUSQU'AU SOIR, IL ATTENDAIT UN COUP DE TÉLÉPHONE D'UN AVOCAT, OU UNE LETTRE D'UN NOTAIRE QUI LUI ANNONCERAIT LA BONNE NOUVELLE. JAMAIS IL NE SORTAIT DE CHEZ LUI, IL NE FAISAIT QU'ATTENDRE ! J'AI EU CET HOMME EN ANALYSE PENDANT HUIT ANS ! EXPLIQUE LE DEUXIÈME.

– ET QUEL RÉSULTAT AS-TU OBTENU ? S'ENQUIERT LE CONFRÈRE.

– ÇA A ÉTÉ UNE GALÈRE JOUR APRÈS JOUR PENDANT HUIT ANS MAIS, FINALEMENT, JE SUIS PARVENU À LE GUÉRIR...ET C'EST ALORS QUE CETTE LETTRE STUPIDE EST ARRIVÉE !

BLAGUE 30

UN PATIENT CHEZ LE DENTISTE : « PARDONNEZ-MOI, JE NE ME SUIS PAS LAVÉ LES DENTS ! »

– PAS DE PROBLÈME, JE NE ME SUIS PAS LAVÉ LES MAINS !

BLAGUE 31

À LA PHARMACIE :

- CELA FERA 19,50€ S'IL-VOUS-PLAIT !

- AH NON, VOUS ME DONNEZ VOTRE CARTE DE FIDÉLITÉ DU SUPERMARCHÉ ! ÇA NE VA PAS MARCHER.

- C'EST BIEN UNE ÉPICERIE ICI !

BLAGUE 32

QUE FAIT UN ANESTHÉSISTE ENTRE DEUX CAFÉS ? IL BOIT UN CAFÉ.

BLAGUE 33

- DÉSHABILLEZ-VOUS ET TIREZ LA LANGUE EN REGARDANT PAR LA FENÊTRE.

- MAIS POUR QUOI FAIRE, DOCTEUR ?

- JE SUIS FÂCHÉ AVEC MON VOISIN !

BLAGUE 34

UN DOCTEUR EXPLIQUE À SON PATIENT :

– JE VIENS DE RECEVOIR VOS RÉSULTATS D'ANALYSES ET J'AI DEUX MAUVAISES NOUVELLES À VOUS ANNONCER : LA PREMIÈRE, VOUS AVEZ UNE MALADIE INCURABLE ET IL NE VOUS RESTE QUE SIX MOIS À VIVRE. LA SECONDE, ÇA FAIT DÉJÀ CINQ MOIS QUE J'ESSAIE DE VOUS JOINDRE PARTOUT.

BLAGUE 35

DOCTEUR ! MON MARI VOUS DOIT LA VIE !

– ET MES HONORAIRES AUSSI, MADAME !

BLAGUE 36

À L'HÔPITAL, UNE BELLE JEUNE FEMME ATTEND DANS LE COULOIR SUR SA CIVIÈRE AVANT D'ÊTRE CONDUITE AU BLOC OPÉRATOIRE POUR SUBIR UNE PETITE INTERVENTION. L'HEURE TOURNE ET ELLE COMMENCE À S'INQUIÉTER UN PEU. QUAND TOUT À COUP UN TYPE EN BLOUSE BLANCHE S'APPROCHE, RELÈVE LE DRAP QUI LA RECOUVRE ET EXAMINE SON CORPS NU, PUIS RABAT LE DRAP, S'ÉLOIGNE VERS D'AUTRES BLOUSES BLANCHES ET DISCUTE. UN DEUXIÈME TYPE EN BLOUSE BLANCHE S'APPROCHE, RELÈVE LE DRAP ET L'EXAMINE. QUAND IL REPART C'EST AU TROISIÈME TYPE EN BLOUSE BLANCHE DE S'APPROCHER, LEVER LE DRAP, ET LA SCRUTER. ALORS LA JEUNE FEMME S'IMPATIENTE :

– C'EST BIEN BEAU TOUTES CES AUSCULTATIONS, MAIS QUAND ALLEZ-VOUS M'OPÉRER ?

LE PREMIER HAUSSE LES ÉPAULES ET RÉPOND :

– AUCUNE IDÉE, NOUS ON REPEINT JUSTE LE COULOIR !

BLAGUE 37

- BONJOUR MME Y, ALORS VOUS ALLEZ MIEUX ?
- NON, J'AI TOUJOURS DES GROSSES DOULEURS ABDOMINALES MÊME AVEC LES MÉDICAMENTS.
- JE PENSE QU'IL SERAIT BIEN QUE VOUS CONSULTIEZ UN SPÉCIALISTE.
- OUI, J'AI PRIS UN RENDEZ-VOUS AVEC UN GASTRO-ENTÉROPODE.

BLAGUE 38

APRÈS AVOIR EU UN TOUCHER RECTAL, LE PATIENT SE RETOURNE VERS LE MÉDECIN. « BON, MAINTENANT, JE PENSE QUE L'ON PEUT SE TUTOYER ».

BLAGUE 39

UN PHARMACIEN ARRIVE DEVANT SA PHARMACIE ET VOIT UN HOMME GRIMAÇANT ADOSSÉ AU MUR.

IL ENTRE ET DEMANDE À SON STAGIAIRE :

- QUI EST CET HOMME DEVANT L'OFFICINE ?
- UN CLIENT MONSIEUR. IL EST VENU CE MATIN EN DISANT QU'IL TOUSSAIT BEAUCOUP. NE TROUVANT PAS DE SIROP CONTRE LA TOUX, JE LUI AI DONNÉ UNE BOUTEILLE DE LAXATIF ET IL L'A AVALÉE CUL-SEC !
- MAIS QU'EST-CE QUI VOUS A PRIS, ON NE SOIGNE PAS LA TOUX AVEC UN LAXATIF.
- MAIS REGARDEZ MONSIEUR, IL N'OSE PLUS TOUSSER !!

BLAGUE 40

UN DOCTEUR EN PSYCHIATRIE A VOULU TESTER SES MALADES. IL A ALORS DESSINÉ UNE PORTE SUR LE MUR ET LEUR A DEMANDÉ D'ENTRER.
TOUS LES FOUS ONT ATTAQUÉ LA PORTE POUR L'OUVRIR SAUF UN QUI EST RESTÉ LOIN D'EUX EN ÉCLATANT DE RIRE.
LE DOCTEUR LUI DEMANDE ALORS POURQUOI IL RIT.
LE FOU RÉPOND : « CES GENS SONT VRAIMENT CINGLÉS !
– POURQUOI ?
– PARCE QUE LES CLEFS SONT CHEZ MOI. »

BLAGUE 41

UN GARS VA VOIR SON MÉDECIN ET LUI DEMANDE :
– EST-CE QUE JE VAIS DEVENIR CENTENAIRE, DOCTEUR ?
LE MÉDECIN LUI RÉPOND :
– EST-CE QUE VOUS FUMEZ, PRENEZ DE LA DROGUE OU BUVEZ ?
– NON, RÉPOND L'AUTRE.
– EST-CE QUE VOUS SORTEZ SOUVENT, ALLEZ EN BOITE, JOUEZ AU CASINO ?
– BEN NON, RÉPOND L'AUTRE.
– EST-CE QUE VOUS ROULEZ VITE, PRATIQUEZ DES SPORTS EXTRÊMES ?
– BOF NON, RÉPOND L'AUTRE.
– EST-CE QUE VOUS FAITES SOUVENT L'AMOUR AVEC DES PARTENAIRES DIFFÉRENTES ?
– NON, RIEN DE TOUT CELA, RÉPOND L'AUTRE.
– ALORS, LUI DIT LE MÉDECIN, QU'EST-CE QUE VOUS VOULEZ VOUS ENNUYER LA VIE JUSQU'À CENT ANS...

BLAGUE 42

UNE DAME AMÈNE SES JUMEAUX CHEZ LE MÉDECIN :
– ILS ONT ATTRAPÉ UN GROS RHUME, DOCTEUR. ILS ÉTERNUENT TOUTE LA JOURNÉE !
APRÈS EXAMEN, LE PRATICIEN DEMANDE :
– JE CROIS QUE CE N'EST PAS QU'UN SIMPLE RHUME, MADAME. C'EST PLUTÔT UNE ALLERGIE. VOUS AVEZ DES ANIMAUX À LA MAISON ?
– OUI, NOUS AVONS DEUX CHATS.
– EH BIEN, LE PROBLÈME VIENT DE LÀ ! IL VA FALLOIR VOUS EN SÉPARER !
– MAIS ENFIN, DOCTEUR, QUI DONC VA BIEN VOULOIR ME PRENDRE DEUX GAMINS DE 12 ANS ?

BLAGUE 43

UNE TRÈS BELLE FEMME VA CHEZ LE MÉDECIN. POUR MIEUX L'EXAMINER IL LUI DEMANDE DE SE DÉSHABILLER.

- JE SUIS TRÈS PUDIQUE, VOUS SAVEZ... POURRIEZ-VOUS ÉTEINDRE LA LUMIÈRE PENDANT QUE J'ENLÈVE MES VÊTEMENTS ?

LE DOCTEUR S'EXÉCUTE. ET ELLE DE DEMANDER DANS LE NOIR :

- OÙ DOIS-JE POSER MES HABITS ?

- SUR LA CHAISE, À CÔTÉ DES MIENS.

BLAGUE 44

UNE FEMME DISCUTE AVEC SON MARI.

- QU'EST CE QUI T'ARRIVE ?

- JE SUIS ALLÉE CHEZ LE DOCTEUR CET APRÈS-MIDI ET IL M'A DIT QUE J'AVAIS DES SEINS D'UNE JEUNE FILLE DE 18 ANS.

- AH OUI ! RÉPOND LE MARI, ET QU'EST-CE QU'IL A DIT DE TON TROU DU CUL DE 40 ANS ?

- RIEN. ON N'A PAS PARLÉ DE TOI.

BLAGUE 45

UNE INFIRMIÈRE ENTRE DANS LA CHAMBRE D'UN MALADE, S'APPROCHE DE SON LIT ET LUI DIT GENTIMENT :

- TOUT À L'HEURE, QUAND LE DOCTEUR VIENDRA, SOYEZ GENTIL. SOURIEZ-LUI ! LE PAUVRE, IL SE FAIT TELLEMENT DE SOUCIS À VOTRE SUJET !

BLAGUE 46

« DOCTEUR, C'EST PÉNIBLE, TOUS LES MATINS QUAND JE PRENDS MON CAFÉ, JE RESSENS UNE VIVE DOULEUR DANS L'ŒIL GAUCHE ». LE MÉDECIN, FIN CLINICIEN : « JE VOUS RECOMMANDE DE RETIRER LA CUILLER DE LA TASSE ! »

BLAGUE 47

UN CHIRURGIEN VIENT VOIR SA PATIENTE LE LENDEMAIN MATIN APRÈS L'OPÉRATION. LA PATIENTE LUI DEMANDE :

- DOCTEUR, COMBIEN DE TEMPS DEVRAIS-JE ATTENDRE AVANT DE REPRENDRE UNE VIE SEXUELLE NORMALE ?

LE CHIRURGIEN, STUPÉFAIT DE LA QUESTION, LUI RÉPOND APRÈS UN LONG SILENCE :

- J'AVOUE N'Y AVOIR JAMAIS PENSÉ. VOUS ÊTES LA PREMIÈRE PERSONNE À ME POSER UNE QUESTION PAREILLE APRÈS UNE OPÉRATION DES AMYGDALES !

BLAGUE 48

AVANT UNE OPÉRATION, L'ANESTHÉSISTE DEMANDE AU PATIENT :

- JE VOUS FAIS L'ANESTHÉSIE À CINQ EUROS OU À CINQ CENTS EUROS ?

- EUH... À CINQ EUROS.

- TRÈS BIEN... FAIS DODO COLAS MON P'TIT FRÈRE, FAIS DODO...

BLAGUE 49

QUATRE CHIRURGIENS DISCUTENT DE LEUR PROFESSION DANS UNE SALLE DE REPOS À L'HÔPITAL.

LE PREMIER CHIRURGIEN COMMENCE : « J'AIME AVOIR DES COMPTABLES SUR MA TABLE D'OPÉRATION. LORSQUE VOUS LES OUVREZ, TOUT EST NUMÉROTÉ CORRECTEMENT À L'INTÉRIEUR... »

- OUAIS, MAIS VOUS DEVRIEZ VOIR LES ÉLECTRICIENS ! TOUT EST CODÉ EN COULEUR À L'INTÉRIEUR, IMPOSSIBLE DE SE TROMPER ! AJOUTE LE DEUXIÈME.

- MOI, JE PENSE VRAIMENT QUE LES BIBLIOTHÉCAIRES SONT LES MEILLEURS. TOUT EST CLASSÉ PAR ORDRE ALPHABÉTIQUE À L'INTÉRIEUR, RÉPLIQUE LE TROISIÈME.

LE DERNIER CHIRURGIEN PREND LA PAROLE : « LES PLUS FACILES À OPÉRER SONT LES CHEFS. IL N'Y A PAS DE CŒUR, PAS DE CERVEAU, PAS DE COUILLES, EN PLUS, LA TÊTE ET LE TROU DU CUL SONT INTERCHANGEABLES ! »

BLAGUE 50

- DOCTEUR, J'AI DE TERRIBLES PERTES DE MÉMOIRE : QUE DOIS-JE FAIRE ?
- EH BIEN, RÉPOND LE MÉDECIN, COMMENCEZ PAR ME PAYER D'AVANCE !

BLAGUE 51

PEU APRÈS SON MARIAGE AVEC UNE TRÈS JEUNE FEMME, UN MONSIEUR DE 40 ANS VOIT SON DOCTEUR ET LUI DIT QUE SA FEMME ATTEND UN ENFANT.

« LAISSEZ-MOI VOUS RACONTER UNE HISTOIRE, DIT LE DOCTEUR. UN HOMME TRÈS DISTRAIT PART À LA CHASSE ; MAIS À LA PLACE DE SON FUSIL, IL PREND SON PARAPLUIE. PENDANT QU'IL TRAQUE, UN OURS LE VOIT ET LUI FONCE DESSUS. L'HOMME DISTRAIT POINTE ALORS SON PARAPLUIE VERS L'OURS, TIRE ET LE TUE SUR LE COUP.

- IMPOSSIBLE ! S'EXCLAME LE VIEUX MONSIEUR. QUELQU'UN D'AUTRE A DÛ TIRER SUR L'OURS.

- EXACTEMENT, RÉPOND LE DOCTEUR.

BLAGUE 52

UN JEUNE APPRENTI COMMENCE À TRAVAILLER DANS LA BOUTIQUE D'UN PHARMACIEN. IL APPREND PAR CŒUR LE NOM DE TOUS LES MÉDICAMENTS. ET IL S'ÉTONNE DE VOIR UN TIROIR SUR LEQUEL EST NOTÉ « ILLISIBLE ».
- CHERCHE PAS, LUI DIT LE PHARMACIEN. ÇA, C'EST CE QU'ON DONNE AUX CLIENTS QUAND ON N'ARRIVE PAS À LIRE L'ORDONNANCE !

BLAGUE 53

DEUX HOMMES DISCUTENT AVEC LE BARMAN.
LE PREMIER DIT :
- MOI, JE NE CROIS QUE LA MOITIÉ DE CE QUE LES GENS ME RACONTENT.
- ET QUE FAITES-VOUS DANS LA VIE ? DEMANDE LE BARMAN.
- PSYCHIATRE.
LE DEUXIÈME RACONTE :
- BAH MOI, JE CROIS LE DOUBLE DE CE QUE LES GENS ME RACONTENT.
- ET QUELLE EST VOTRE PROFESSION ? DEMANDE LE BARMAN.
- INSPECTEUR DES IMPÔTS.

BLAGUE 54

UN PATIENT CHEZ SON MÉDECIN
- MR SMITH, J'AI BIEN REÇU LES RÉSULTATS DE VOTRE FEMME, MAIS IL Y A EU UN PROBLÈME AU LABO.
- QU'EST-CE QUI SE PASSE DOCTEUR ?
- ET BIEN, VOYEZ-VOUS, MR SMITH, IL Y AVAIT DEUX MME SMITH ET ILS ONT MÉLANGÉ LES RÉSULTATS...
- MAIS VOUS AVEZ LES RÉSULTATS, DOCTEUR ?
- OUI, CE SONT DANS LES DEUX CAS, UNE MALADIE GRAVE, ALZHEIMER ET LE S.I.D.A. IL FAUDRAIT QUE VOUS REFASSIEZ DES ANALYSES.
- VOUS SAVEZ DOCTEUR, ON EST PAS EN FRANCE, J'AI PAS DE COUVERTURE...
- DANS CE CAS JE NE VOIS QU'UNE SOLUTION MR SMITH, VOUS EMMENEZ VOTRE FEMME À UNE CENTAINE DE KILOMÈTRES DE CHEZ VOUS, ET SI ELLE ARRIVE À REVENIR, SURTOUT NE LUI FAITES PLUS L'AMOUR !

BLAGUE 55

ON RECONNAÎT UN CHIRURGIEN ORTHOPÉDIQUE AUX TACHES DE SANG SUR SA BLOUSE, UN CHIRURGIEN DIGESTIF AUX EXCRÉMENTS SUR SA BLOUSE, UN CHIRURGIEN UROLOGUE AUX TACHES D'URINE SUR SA BLOUSE. MAIS À QUOI RECONNAIT-ON UN ANESTHÉSISTE ?... AUX TÂCHES DE CAFÉS SUR SA BLOUSE.

BLAGUE 56

LORS D'UN COLLOQUE MÉDICAL :

- SI L'ON POUVAIT METTRE LA CONNERIE EN BOUTEILLE, IL Y AURAIT DES ACHETEURS...

- JE CROIS QUE ÇA EXISTE DÉJÀ... ON APPELLE ÇA L'HOMÉOPATHIE.

BLAGUE 57

COMMENT L'INFIRMIÈRE DIT-ELLE « TU ME LES CASSES ! » DANS SON JARGON ?

CE SERA RAPIDE ET SANS DOULEUR.

VOUS N'ALLEZ RIEN SENTIR.

BLAGUE 58

UN HOMME SE PLAINT CHEZ SON MÉDECIN :

- DOCTEUR, JE NE SAIS PAS CE QUI M'ARRIVE, J'AI PLEIN DE MALADIES ANIMALES. LE MATIN, QUAND JE ME LÈVE, MON DOS ME FAIT UN MAL DE CHIEN. À MIDI, J'AI TELLEMENT FAIM QUE JE BOUFFE COMME UNE VACHE, ET LE SOIR, JE SUIS TELLEMENT CREVÉ QUE JE DORS COMME UN LOIR.

LE MÉDECIN LUI DIT DE SE DÉSHABILLER ET SUR CE, IL LUI DIT :

- JE PEUX TOUT DE SUITE VOUS DIRE QUE VOUS AVEZ ENCORE DEUX MALADIES ANIMALES DE PLUS !

- COMMENT ÇA, S'INQUIÈTE L'AUTRE.

- VOUS PUEZ COMME UN BOUC ET VOUS ÊTES SALE COMME UN COCHON !

BLAGUE 59

À LA PHARMACIE, UN VIEUX SE POINTE ET DEMANDE DU VIAGRA 50.

- DÉSOLÉ MONSIEUR, MAIS NOUS N'AVONS PLUS DE 50, MAIS JE VAIS VOIR EN RÉSERVE S'IL NOUS RESTE DU 100.

LA PHARMACIENNE PART DANS LA RÉSERVE ET REVIENT AU BOUT D'UNE MINUTE.

- VOILÀ DU 100 ! IL FAUDRA EN PRENDRE AVEC UN VERRE D'EAU, ET CE SOIR VOUS LA CASSEZ EN DEUX !

- MA FEMME ?!?

- NON, LA GÉLULE...

BLAGUE 60

UN MÉDECIN S'APPRÊTE À AUSCULTER UNE CREVETTE QUI NE SE SENT PAS TRÈS BIEN :

- BON, DÉCORTIQUEZ-VOUS, JE VAIS VOUS AUSCULTER !

BLAGUE 61

C'EST UN HOMME QUI VA CHEZ UN MÉDECIN, IL LUI DEMANDE :

– J'AI LE CAFARD ET DES FOURMIS DANS LES PIEDS, POUVEZ-VOUS FAIRE QUELQUE CHOSE POUR MOI ?

LE MÉDECIN LUI RÉPOND :

– JE VAIS VOUS PRESCRIRE UN INSECTICIDE !

BLAGUE 62

UNE DAME TRÈS MÉCONTENTE RETOURNE CHEZ SON CHIRURGIEN ESTHÉTIQUE : « DOCTEUR ! JE VOUS AVAIS DEMANDÉ DES SEINS EN POIRES... PAS EN COMPOTES ! »

BLAGUE 63

UN HOMME SE REMET DOUCEMENT DE SON INTERVENTION CHIRURGICALE SUBIE LE MATIN MÊME. UNE INFIRMIÈRE RENTRE DANS SA CHAMBRE ET LUI DEMANDE COMMENT IL SE SENT :

– ET BEN, ÇA VA BIEN, MAIS JE N'AI PAS BEAUCOUP APPRÉCIÉ CE QUE LE CHIRURGIEN A DIT QUAND JE COMMENÇAIS À ME RÉVEILLER APRÈS L'OPÉRATION.

– AH, BON, QU'A DIT LE DOCTEUR ?

– J'AI ENTENDU : « AIE, AIE, AIE ! ».

BLAGUE 64

UN ÉTUDIANT EN MÉDECINE EST INTERROGÉ :

- CITEZ-MOI LES 22 OS DU CRÂNE.

- EUH... L'OS FRONTAL... L'OS PARIÉTAL... EUH...
  EUH... L'OS...OCCIPITAL... L'OS... L'OS... EUH... EUH...
  EXCUSEZ-MOI, JE NE LES AI PAS TOUS EN TÊTE !

BLAGUE 65

- VOUS AVEZ UN CANCER DU FOIE ET C'EST
  INCURABLE.

- DOCTEUR, COMME VOUS Y ALLEZ, J'AIMERAIS
  AVOIR UN DEUXIÈME AVIS.

- EN PLUS, VOUS ÊTES MOCHE.

BLAGUE 66

UNE DAME SE PLAINT AUPRÈS DE SON MÉDECIN :

- MON MARI NE FAIT QUE PARLER EN DORMANT,
  DURANT TOUTE LA NUIT. JE DEVIENS FOLLE, CAR
  JE NE PEUX PAS DORMIR UNE SEULE MINUTE !
  QU'EST-CE QUE JE POURRAIS BIEN FAIRE ?

- BEN, LAISSEZ-LE PARLER UN PEU PENDANT LA
  JOURNÉE !

BLAGUE 67

POLO VA À L'HÔPITAL VOIR SON COPAIN JULIEN, PLEIN DE
BANDAGES ET LUI DEMANDE :

- QUE T'EST-IL ARRIVÉ ?

JULIEN RÉPOND :

- J'AI ÉTÉ RENVERSÉ PAR UN VÉLO !
- PAS POSSIBLE ! COMMENT AS-TU FAIT ?
- CE N'EST PAS TOUT ! J'AI ÉTÉ ÉCRASÉ PAR UNE MOTO, PUIS
  PAR UNE DÉCAPOTABLE, ENSUITE PAR UN AVION, ET POUR
  FINIR, PAR UNE SOUCOUPE VOLANTE !
- INCROYABLE !
- JE T'ASSURE ! MAIS HEUREUSEMENT, LE PATRON DU MANÈGE
  A FINI PAR COUPER LE COURANT !

BLAGUE 68

QUELLE EST LA DIFFÉRENCE ENTRE UN TRAIN ET UN PSYCHIATRE ?
LE TRAIN, QUAND IL DÉRAILLE, IL S'ARRÊTE.

BLAGUE 69

UNE DAME PARLE DES PROBLÈMES DE POIDS DE SON MARI À
SON MÉDECIN. CELUI-CI LUI CONSEILLE :

- IL DEVRAIT FAIRE UN PEU D'EXERCICE. ET S'IL N'EST PAS
  VOLONTAIRE, DITES-LUI BIEN QUE FAIRE L'AMOUR À SA
  FEMME ÉQUIVAUT À COURIR 10 KILOMÈTRES !
- VOUS PLAISANTEZ, DOCTEUR ! PERSONNE N'A JAMAIS
  COURU 10 KILOMÈTRES EN TRENTE SECONDES !

BLAGUE 70

UNE FEMME CONSULTE UN MÉDECIN

- DOCTEUR J'AI LA DIARRHÉE MENTALE

- ET ÇA SE TRADUIT COMMENT ?

- À CHAQUE FOIS QUE J'AI UNE IDÉE, C'EST DE LA MERDE !

BLAGUE 71

UN PATIENT AVEC UNE JAMBE DANS LE PLÂTRE :

- APRÈS MON ACCIDENT DE MOTO, LE DOCTEUR M'A RASSURÉ. IL M'A DIT QUE DANS UN MOIS JE POURRAI DANSER LE ROCK ! C'EST UN MIRACLE CAR AVANT JE NE SAVAIS PAS DU TOUT DANSER.

BLAGUE 72

UN FUTUR PAPA FAIT LES CENT PAS DANS LE COULOIR DE LA MATERNITÉ. L'INFIRMIÈRE SORT ENFIN DE LA CHAMBRE AVEC TROIS BÉBÉS DANS LES BRAS.

- REGARDEZ COMME ILS SONT BEAUX... ET TOUS LES TROIS EN BONNE SANTÉ !

LE JEUNE PÈRE LES REGARDE ATTENTIVEMENT ET DIT À L'INFIRMIÈRE :

- HEU... JE VAIS PRENDRE CELUI DU MILIEU !

BLAGUE 73

UNE FEMME SE FAIT GREFFER DES OREILLES.
QUELQUES JOURS PLUS TARD, ELLE VOIT SON
CHIRURGIEN ET LUI DIT :

- DOCTEUR, JE PENSE QUE VOUS M'AVEZ
  GREFFÉ DES OREILLES D'HOMME.

- MAIS POURQUOI DITES-VOUS CELA ?

- J'ENTENDS BIEN MAIS JE NE COMPRENDS
  RIEN !

BLAGUE 74

- DOCTEUR, JE SUIS TELLEMENT STRESSÉ. C'EST
  MA PREMIÈRE OPÉRATION.

- NE VOUS INQUIÉTEZ PAS ! POUR MOI AUSSI !

BLAGUE 75

QUEL EST LE NERF LE PLUS LONG DU CORPS
HUMAIN ?

LE NERF OPTIQUE, CAR QUAND ON SE TIRE UN
POIL DU CUL, ON EN A LES LARMES AUX YEUX.

BLAGUE 76

UN JEUNE HOMME VA VOIR SON MÉDECIN TRAITANT ET LUI EXPLIQUE :
« DOCTEUR, UN DE MES AMIS A COUCHÉ AVEC UNE FILLE QU'IL NE CONNAISSAIT PAS ET IL CRAINT MAINTENANT D'AVOIR ATTRAPÉ UNE MST. QUE DOIT-IL FAIRE ? »
LE MÉDECIN LUI RÉPOND ALORS : « PAS DE PROBLÈME ! OUVREZ DONC VOTRE BRAGUETTE ET MONTREZ-MOI VOTRE AMI ! »

BLAGUE 77

UN HOMME SE PRÉSENTE À LA PHARMACIE ET DEMANDE AU PHARMACIEN : « JE VOUDRAIS DE L'ACIDE ACÉTYLSALICYLIQUE ! »
LE PHARMACIEN, APRÈS UN BREF INSTANT DE RÉFLEXION, LUI RÉPOND : « AH ! VOUS VOULEZ DIRE DE L'ASPIRINE ! »
LE PATIENT : « OUI, J'AI TOUJOURS EU DES DIFFICULTÉS À ME SOUVENIR DU NOM ! »

BLAGUE 78

- DOCTEUR, MON MARI PENSE QU'IL EST UN CHEVAL.
- IL EST PROBABLEMENT STRESSÉ ET IL LUI FAUDRAIT UN PEU DE REPOS, LUI RÉPOND LE PSYCHANALYSTE.
- MAIS IL NE VEUT PLUS DORMIR DANS LE LIT. IL PASSE LA JOURNÉE ET LA NUIT DANS LE JARDIN À BROUTER DE L'HERBE.
- DANS CE CAS, C'EST PLUS GRAVE, ET IL LUI FAUDRA UN TRAITEMENT QUI RISQUE D'ÊTRE LONG ET COÛTEUX.
- OH, NE VOUS EN FAITES PAS POUR L'ARGENT. DIMANCHE DERNIER, IL A GAGNÉ LE TIERCÉ !

BLAGUE 79

LE MÉDECIN DEMANDE À L'INFIRMIÈRE :

– CE SONT LES QUINTUPLÉS NÉS CE MATIN QUI PLEURENT SI FORT ?

– NON, C'EST LE PAPA.

BLAGUE 80

UN HOMME SE REND AUX URGENCES ET DIT AU CHIRURGIEN :

– IL Y A 2 ANS J'AI AVALÉ UNE PIÈCE DE 2 EUROS POUVEZ-VOUS M'OPÉRER DOCTEUR ?

– IL Y A 2 ANS DITES-VOUS ? MAIS POURQUOI N'ÊTES-VOUS PAS VENU PLUTÔT ?

– PARCE QU'À L'ÉPOQUE MES AFFAIRES MARCHAIENT BIEN, JE N'AVAIS PAS BESOIN D'ARGENT !

BLAGUE 81

UNE FEMME CONSULTE SON MÉDECIN POUR UNE GROSSE FATIGUE QUI DURE DEPUIS QUELQUES TEMPS. APRÈS DES EXAMENS ET UNE AUSCULTATION CLASSIQUE QUI NE MONTRENT RIEN DE PARTICULIER, LE MÉDECIN EN VIENT À LUI DEMANDER QUELLE EST LA FRÉQUENCE DE SES RAPPORTS SEXUELS :

– JE FAIS L'AMOUR LE LUNDI, LE MERCREDI ET LE SAMEDI

LE DOCTEUR LUI DIT :

– JE VOUS PRESCRIS UN TRAITEMENT MÉDICAL. MAIS EN PLUS DES MÉDICAMENTS, IL FAUDRA FAIRE ABSTINENCE UNE FOIS SUR TROIS, PAR EXEMPLE, LE MERCREDI !

– AH, CE N'EST PAS POSSIBLE, DOCTEUR. PAS LE MERCREDI. C'EST LA SEULE NUIT QUE JE PASSE AVEC MON MARI.

BLAGUE 82

QU'EST-CE QUI NE VA PAS AVEC VOTRE FRÈRE ? DEMANDE LE PSYCHANALYSTE.
- IL SE PREND POUR UN POULET.
- ET IL SE COMPORTE COMME CELA DEPUIS QUAND EXACTEMENT ?
- TROIS ANS DÉJÀ. ON SERAIT BIEN VENUS PLUS TÔT, MAIS ON AVAIT BESOIN DES ŒUFS.

BLAGUE 83

LE PATIENT :
- DOCTEUR, SI J'ARRÊTE LE VIN, LES FEMMES, ET LA CIGARETTE, JE VIVRAI PLUS LONGTEMPS ?
LE MÉDECIN :
- PAS VRAIMENT. MAIS LA VIE VOUS PARAÎTRA PLUS LONGUE.

BLAGUE 84

C'EST UNE FEMME QUI JOUE AU GOLF PAR UN BEL APRÈS-MIDI D'ÉTÉ. ALORS QU'ELLE SE BAISSE POUR PLACER SON TEE, ELLE SE FAIT SOUDAIN PIQUER PAR UN INSECTE.
COMME LA DAME SE SAIT ALLERGIQUE AUX PIQÛRES DE GUÊPE, ELLE RENTRE TRÈS VITE AU CLUB-HOUSE.
EN ARRIVANT DANS LA SALLE, ELLE S'ÉCRIE :
« EST-CE QU'IL Y A UN MÉDECIN ICI ? J'AI ÉTÉ PIQUÉE PAR UN INSECTE !!! »
UN DES HOMMES PRÉSENTS RÉPOND :
« JE SUIS MÉDECIN. OÙ AVEZ-VOUS ÉTÉ PIQUÉE ? »
UN PEU PERTURBÉE, ELLE NE COMPREND PAS LE SENS DE LA QUESTION ET RÉPOND :
« ENTRE LE PREMIER ET LE SECOND TROU !!! QU'EST-CE QUE VOUS SUGGÉREZ DOCTEUR ? »
LE MÉDECIN LUI RÉPOND AUSSI SEC :
« OH, JE VOUS INVITE À L'AVENIR À NE PLUS ÉCARTER LES JAMBES EN JOUANT AU GOLF !!! »

BLAGUE 85

UN MÉDECIN DIT À SON PATIENT :

- J'AI DEUX NOUVELLES À VOUS ANNONCER !

- AH ? EH BIEN, COMMENCEZ PAR LA BONNE.

- MAIS QUI VOUS A PARLÉ DE BONNE ?

BLAGUE 86

- DOCTEUR, JE VAIS ÊTRE FRANC. AVANT DE VOUS CONSULTER, JE SUIS ALLÉ VOIR GÉRALD, LE GUÉRISSEUR.

- ET QUELLE BÊTISE VOUS A ENCORE RACONTÉ CE CHARLATAN ?

- HEU... IL M'A CONSEILLÉ DE VENIR VOUS VOIR.

BLAGUE 87

UN DÉPUTÉ SE PRÉSENTE À L'HÔPITAL AVEC SA FEMME.

- MON MARI S'EST DÉCROCHÉ LA MÂCHOIRE ET NE PEUT PLUS PARLER, DIT L'ÉPOUSE.

- COMMENT CELA S'EST-IL PRODUIT ? DEMANDE L'INFIRMIÈRE.

- EH BIEN, C'ÉTAIT À L'ASSEMBLÉE NATIONALE PENDANT UN DISCOURS DU PREMIER MINISTRE. MON MARI S'EST ALORS MIS À BAILLER. CROYEZ-VOUS QU'ON PUISSE FAIRE PASSER ÇA EN ACCIDENT DU TRAVAIL ?

BLAGUE 88

QUEL EST LE COMBLE POUR UN MÉDECIN ? TRAVAILLER COMME UN MALADE.

BLAGUE 89

- OÙ VAS-TU AVEC CE TONNEAU SUR L'ÉPAULE ?

- JE VAIS CHEZ LE DOCTEUR, IL M'A DIT : « REVENEZ DANS UN MOIS AVEC VOS URINES ».

BLAGUE 90

DANS UNE MATERNITÉ, L'INFIRMIÈRE DIT À UNE JEUNE MÈRE :

- VOTRE BÉBÉ EST UN VRAI PETIT ANGE : UNE FOIS COUCHÉ, IL NE BOUGE PLUS.

- EN EFFET, C'EST TOUT LE PORTRAIT DE SON PÈRE !

BLAGUE 91

QUELS SONT LES JEUX PRÉFÉRÉS DES DENTISTES :
- LE BRIDGE ET LA ROULETTE.

BLAGUE 92

UNE FEMME TÉLÉPHONE À SON DOCTEUR ET LUI DIT :
- DOCTEUR ! DOCTEUR ! IL NE ME RESTE PLUS QUE 59 SECONDES À VIVRE !
PUIS, LE DOCTEUR RÉPOND :
- UNE MINUTE, J'ARRIVE !

BLAGUE 93

UN VIEUX MONSIEUR ENTRE DANS UNE PHARMACIE ET DEMANDE AU PHARMACIEN :
- EST-CE QUE VOUS VENDEZ DES BÉQUILLES ?
- OUI, RÉPOND LE PHARMACIEN. BÉQUILLES SIMPLES, DOUBLES, AVEC OU SANS RESSORTS...
- TRÈS BIEN. ET DES FAUTEUILS ROULANTS ?
- AUSSI. AVEC OU SANS MOTEUR, NOUS AVONS DIFFÉRENTS MODÈLES.
- ET DES APPAREILS DE SURDITÉ ?
- CERTAINEMENT. NOUS AVONS TOUTE UNE GAMME D'APPAREILS AUDITIFS.
- ET DES COUCHES POUR FUITES URINAIRES ?
- BIEN ENTENDU.
- AH, C'EST PARFAIT, ABSOLUMENT PARFAIT. JE VAIS DÉPOSER MA LISTE DE MARIAGE CHEZ VOUS...

BLAGUE 94

UN MÉDECIN S'ADRESSE À SA PATIENTE :

- MADAME, J'AI UNE BONNE NOUVELLE À VOUS ANNONCER.

- PAS MADAME, MADEMOISELLE.

- AH, PARDON, MADEMOISELLE, J'AI UNE MAUVAISE NOUVELLE À VOUS ANNONCER.

BLAGUE 95

UN DERMATOLOGUE DEMANDE À SON PATIENT :

- QUE METTEZ-VOUS APRÈS VOUS ÊTRE RASÉ ?

- MON PANTALON, RÉPOND CELUI-CI.

BLAGUE 96

UN HOMME CROISE SON PSYCHIATRE DANS LA RUE. À SON GRAND ÉTONNEMENT, CE DERNIER PORTE UN DIVAN SUR SON DOS :

- VOUS DÉMÉNAGEZ ?

- NON, JE SUIS EN CONSULTATION À DOMICILE.

BLAGUE 97

UNE INFIRMIÈRE CONFIE SON ÉTONNEMENT À UNE COLLÈGUE :

– C'EST INCROYABLE... TOUS LES PATIENTS DE CE MATIN
ÉTAIENT DÉJÀ PASSÉS SUR LE BILLARD LE MOIS DERNIER !

– IL Y A UNE BONNE RAISON À ÇA. LE CHIRURGIEN RECHERCHE
COMME UN FOU SA GOURMETTE !

BLAGUE 98

CE SONT DEUX PSY QUI ONT LEUR CABINET DANS LE MÊME
IMMEUBLE ET QUI, CHAQUE MATIN, PRENNENT L'ASCENSEUR.

AUTANT LE PREMIER EST TOUJOURS ÉLÉGANT, BIEN COIFFÉ,
BRONZÉ, RESPIRANT L'ÉNERGIE ET LA FORME... AUTANT LE
DEUXIÈME EST DE PLUS EN PLUS FATIGUÉ, LE TEINT BLAFARD,
LES YEUX CERNÉS, LES ONGLES RONGÉS, LA COIFFURE AUX
QUATRE VENTS, MAL RASÉ. CE DERNIER N'EN POUVANT PLUS,
FINIT PAR DEMANDER À L'AUTRE :

« CHER CONFRÈRE, PERMETTEZ-MOI DE VOUS IMPORTUNER,
MAIS CELA FAIT PLUSIEURS MOIS QUE JE VOUS VOIS CHAQUE
MATIN ET VOUS RESPLENDISSEZ, QUEL EST VOTRE SECRET ?

– PARDON ? FAIT L'AUTRE EN ENLEVANT UNE BOULE QUIES DE
SON OREILLE...

BLAGUE 99

RAPPORT D'AUTOPSIE :

"L'AUTOPSIE RÉVÈLE QUE LA CAUSE DU DÉCÈS EST L'AUTOPSIE"

BLAGUE 100

DEUX AMIES DISCUTENT :
- POURQUOI GARDES-TU TON GYNÉCO ? LE MIEN EST JEUNE ET SI
  CHARMANT, ALORS QUE TON GYNÉCO EST TELLEMENT VIEUX !
- OUI, C'EST VRAI. MAIS LE MIEN A SES MAINS QUI TREMBLENT
  TOUT LE TEMPS !

BLAGUE 101

C'EST UN TYPE QUI VA CHEZ LE DENTISTE, ET CELUI-CI LUI DIT :
- ÉCOUTEZ, J'AI UNE BONNE ET UNE MAUVAISE NOUVELLE
  POUR VOUS.
ALORS LE TYPE LUI RÉPOND :
- COMMENCEZ PAR LA MAUVAISE SVP.
- JE DOIS VOUS ENLEVER QUATRE DENTS !
- MERDE, ET QUELLE EST LA BONNE NOUVELLE ALORS ?
- TOUTES LES AUTRES DENTS SONT TELLEMENT MAUVAISES
  QU'ELLES VONT TOMBER TOUTES SEULES, ET ÇA NE VOUS COÛTERA
  PAS UN SOU !

BLAGUE 102

UN HOMME DEMANDE AU PHARMACIEN:
- JE VOUDRAIS QUELQUE CHOSE QUI FAIT POUSSER LES CHEVEUX !
- TENEZ, PRENEZ ÇA, Y'A RIEN DE MIEUX...
- VOUS ÊTES SÛR ?
- VOUS VOYEZ CETTE PERSONNE PRÈS LA CAISSE, AVEC UNE
  MOUSTACHE ?
- OUI !
- EH BIEN C'EST MA FEMME ! IMAGINEZ, ELLE A DÉBOUCHÉ LE
  FLACON AVEC LES DENTS.

BLAGUE 103

QUEL EST LE COMBLE POUR UN DENTISTE ?
DE VIVRE DANS UN PALAIS !

BLAGUE 104

UNE GENTILLE MÉMÉ VA VOIR SON DOCTEUR.
- DOCTEUR, J'AI UN PETIT PROBLÈME AVEC MES GAZ.... BON CE N'EST PAS TROP
  GRAVE, ILS NE SENTENT JAMAIS MAUVAIS ET SONT TOUJOURS SILENCIEUX. POUR
  VOUS DIRE, ÇA DOIT FAIRE DIX FOIS QUE JE PÈTE DANS VOTRE BUREAU ET JE SUIS
  CERTAINE QUE VOUS NE VOUS EN ÊTES MÊME PAS RENDU COMPTE CAR ILS SONT
  INODORES ET SILENCIEUX...
- JE VOIS, JE VOIS... PRENEZ CES PILULES ET REVENEZ ME VOIR LUNDI PROCHAIN...
  RÉPOND LE DOCTEUR.
LUNDI ARRIVE, LA MAMIE REVIENT :
- DOCTEUR, JE NE SUIS PAS TRÈS CONTENTE DES PILULES QUE VOUS M'AVEZ
  DONNÉES. MES GAZ RESTENT SILENCIEUX, MAIS ILS PUENT, UNE VÉRITABLE
  INFECTION...
- TRÈS BIEN, DIT LE DOCTEUR, MAINTENANT QU'ON A RÉUSSI À DÉGAGER VOS SINUS,
  ON VA S'OCCUPER DE VOS OREILLES...

BLAGUE 105

TÔT DANS LA MATINÉE, ALORS QU'IL DÉCHARGEAIT UN CAMION DE CARCASSES
DE BOVINS, UN MANUTENTIONNAIRE DU MARCHÉ DE RUNGIS SE TROUVE SOUDAIN
BLOQUÉ DU DOS.
IL PASSE CHEZ SON MÉDECIN LE MATIN MÊME QUI LUI DIT :
- VU LES DOULEURS QUE VOUS RESSENTEZ, IL Y A DE FORTES CHANCES QUE VOUS
  AYEZ UNE HERNIE DISCALE.
- QU'EST-CE QUE C'EST QUE ÇA ? DEMANDE LE FORT DES HALLES.
- EH BIEN, DANS LE DOS, VOUS AVEZ UN DISQUE QUI EST EN TRAIN DE SORTIR !
- AH OUI ? S'ÉTONNE LE GARS.
- OUI. ET D'AILLEURS, IL VOUS FAUT TOUT DE SUITE ARRÊTER VOTRE MÉTIER, AU MOINS
  PROVISOIREMENT, ET JE VOUS PRENDS UN RENDEZ-VOUS POUR UNE RADIO DÈS
  DEMAIN !
LE SOIR MÊME, LE MANUTENTIONNAIRE APPELLE SON PATRON AU TÉLÉPHONE :
- PATRON, J'ARRÊTE DE TRAVAILLER !
- BEN QU'EST-CE QUI SE PASSE MAURICE, T'AS TROUVÉ DU BOULOT AILLEURS ?
- C'EST ENCORE MIEUX QUE ÇA, PATRON : JE VAIS ME LANCER DANS LE SHOW-
  BUSINESS : LE DOCTEUR A DIT QUE MON DISQUE SORTAIT ET QUE JE PASSERAI À LA
  RADIO DÈS DEMAIN !

BLAGUE 106

AYANT REMARQUÉ LA BRAGUETTE OUVERTE DE
SON PATRON, LA SECRÉTAIRE MÉDICALE LUI DIT :
- DOCTEUR, LA PORTE DE VOTRE GARAGE EST
  RESTÉE OUVERTE.
LE DOCTEUR, EMBARRASSÉ, REMONTE ALORS
RAPIDEMENT SA FERMETURE ÉCLAIR ET LUI DIT :
- J'ESPÈRE QUE VOUS N'AVEZ PAS APERÇU MA
  SUPER BMW.
- NON, RÉPONDIT-ELLE. JUSTE UNE VIEILLE TWINGO
  ROSE AVEC DEUX PNEUS CREVÉS.

BLAGUE 107

MONSIEUR ET MADAME ACTIQUE ONT TROIS ENFANTS :
CHUCK, ANNA ET PHILL.

BLAGUE 108

UN PATIENT À SON MÉDECIN :

- DOCTEUR, ON A CALCULÉ QUE J'AVAIS UN
  QUOTIENT INTELLECTUEL DE 52 ET JE NE
  COMPRENDS VRAIMENT PAS POURQUOI.

- C'EST NORMAL QUE VOUS NE COMPRENIEZ PAS.

BLAGUE 109

QUEL EST LE COMBLE POUR UN MÉDECIN ? C'EST D'AUSCULTER SON CRAYON POUR VOIR S'IL A BONNE MINE.

BLAGUE 110

- DOCTEUR, JE NE SUIS PAS MALADE.

- ÇA TOMBE BIEN, JE NE SUIS PAS DOCTEUR !

BLAGUE 111

UN MÉDECIN PREND LE POULS DE SON PATIENT. « VOUS ÊTES EN PARFAITE SANTÉ, VOTRE POULS EST AUSSI RÉGULIER QU'UN MOUVEMENT D'HORLOGERIE ! ». LE PATIENT : « C'EST NORMAL, VOUS AVEZ LE DOIGT SUR MA MONTRE. »

BLAGUE 112

MARINE VA CHEZ LE MÉDECIN POUR SAVOIR CE QUI LUI ARRIVE :

- BONJOUR DOCTEUR, EN CE MOMENT JE ME SENS PAS TRÈS BIEN, SAVEZ-VOUS CE QUE J'AI ?
- HUM....OUI, VOUS ÊTES ALLERGIQUE AU BOULEAU !
- AH ?! HÉ BIEN IL FAUT QUE J'ARRÊTE DE TRAVAILLER !
- MAIS NON MADAME ! JE PARLAIS DE L'ARBRE !

BLAGUE 113

UN ENFANT VA CHEZ LE MÉDECIN QUI LUI DIT :

- AH ! BONJOUR MON PETIT, QU'EST-CE QUE JE PEUX FAIRE POUR TOI.

L'ENFANT LUI RÉPOND:

- DOCTEUR, LA MAÎTRESSE M'A DIT DE SOIGNER MON ÉCRITURE ET J'ESPÉRAIS QUE VOUS POURRIEZ FAIRE QUELQUE CHOSE POUR ELLE.

BLAGUE 114

UN PATIENT CHEZ LE MÉDECIN :

- C'EST HORRIBLE, MONSIEUR, TOUT LE MONDE M'IGNORE...
- AU SUIVANT !

BLAGUE 115

DANS LES ASILES PSYCHIATRIQUES, LA DIFFÉRENCE ENTRE L'INTERNE ET L'INTERNÉ NE RÉSIDE SOUVENT QUE DANS UN PETIT ACCENT AIGU !

BLAGUE 116

C'EST L'HISTOIRE D'UN GARS À QUI ON A DIT QU'IL AVAIT UN CANCER INCURABLE. IL EST ALLÉ VOIR PLUSIEURS SPÉCIALISTES QUI LUI ONT TOUS DIT QU'ILS NE POUVAIENT PLUS RIEN POUR LUI. IL FINIT PAR ALLER VOIR UN PHYTOTHÉRAPEUTE. CELUI-CI LUI DIT :

- C'EST SIMPLE, JE VAIS VOUS PRESCRIRE DES BAINS DE BOUE !

PLEIN D'ESPOIR, IL RÉPOND :

- ET ÇA VA ME GUÉRIR, DOCTEUR ???

- NON, MAIS ÇA VA VOUS HABITUER À LA TERRE HUMIDE.

BLAGUE 117

INFIRMIÈRE : « NOUS AVONS BESOIN D'UN PRÉLÈVEMENT D'URINE, DE SELLES ET DE SPERME. »

PATIENT À SON ÉPOUSE : « QU'EST-CE QU'ELLE A DIT ? »

ÉPOUSE : « ELLE A DIT QU'ELLE A BESOIN DE TON SLIP. »

BLAGUE 118

UN PATIENT DÉCLARE À SON MÉDECIN AU MOMENT DE RÉGLER LA CONSULTATION :

- VOUS M'ACCORDEREZ BIEN UNE PETITE RISTOURNE, DOCTEUR ? C'EST TOUT DE MÊME MOI QUI AI REFILÉ LA GRIPPE À TOUT LE QUARTIER !

BLAGUE 119

- DOCTEUR, VOUS M'ANNONCEZ QUE JE N'AI PLUS QU'UN MOIS À VIVRE ET QUE VOUS ALLEZ M'ENVOYER UNE FACTURE DE 1000 EUROS ! JE NE POURRAIS JAMAIS VOUS PAYER AVANT LA FIN DU MOIS.
- OK, DIT LE MÉDECIN, DANS LE MEILLEUR DES CAS VOUS AVEZ 6 MOIS À VIVRE !

BLAGUE 120

TU VEUX OPÉRER SUR UN PATIENT QUI NE BOUGE PAS, QUI NE SAIGNE PAS, QUI NE RESPIRE PAS ? FAIS DONC DE LA MÉDECINE LÉGALE !

BLAGUE 121

UN MÉDECIN REVOIT SON PATIENT LE LENDEMAIN DE SA CONSULTAION. IL L'INVITE À PRENDRE PLACE ET LUI DEMANDE :

- BON, AVEZ-VOUS BIEN PRIS VOTRE MÉDICAMENT À 21 HEURES HIER SOIR ?

- NON, JE L'AI PRIS À 18H.

- QUOI ?! POURQUOI L'AVOIR PRIS SI TÔT ?!

- JE VOULAIS PRENDRE LA BACTÉRIE PAR SURPRISE

BLAGUE 122

ON NE DIT PAS MÉDECIN MAIS ...

MA PAIRE DE SEINS.

BLAGUE 123

LE MÉDECIN DIT À SON PATIENT :

- JE SUIS DÉSOLÉ, MONSIEUR DURAND, MAIS VOTRE CAS EST SÉRIEUX. TENEZ, VOICI DES GÉLULES. VOUS DEVREZ EN PRENDRE UNE CHAQUE JOUR, JUSQU'À LA FIN DE VOTRE VIE !

- MAIS DOCTEUR, IL N'Y A QUE TROIS GÉLULES ?

- EUH...OUI !

BLAGUE 124

DANS UNE CLINIQUE, UNE PATIENTE DIT À UN INTERNE :
- JE VOUS FÉLICITE POUR VOTRE FAÇON DE FAIRE LES PIQÛRES : JE N'AI ABSOLUMENT RIEN SENTI. MAIS JE SUPPOSE QUE VOUS N'AVEZ PAS ENCORE BEAUCOUP D'EXPÉRIENCE ?
- EN EFFET, À QUOI VOYEZ-VOUS CELA ?
- VOUS AVEZ PLANTÉ L'AIGUILLE DE LA SERINGUE DANS VOTRE BRAS AU LIEU DU MIEN.

BLAGUE 125

- DOCTEUR ! DÈS QUE JE SUIS À MON TRAVAIL, AU BOUT DE DIX MINUTES, JE M'ENDORS ! ÇA NE PEUT PLUS DURER !
- MAIS VOUS TRAVAILLEZ OÙ EXACTEMENT ?
- AUX ABATTOIRS DE LA VILLE...
- ÇA ALORS ! ET VOUS VOUS ENDORMEZ EN ASSOMMANT LES BŒUFS ?!?
- JE NE M'OCCUPE PAS DES BŒUFS MAIS DES MOUTONS ! ET PUIS JE NE LES ASSOMME PAS... C'EST MOI QUI LES COMPTE !

BLAGUE 126

UNE FEMME SE REND DANS UNE PHARMACIE ET DEMANDE DE L'ARSENIC. LE PHARMACIEN LUI DEMANDE :
- QU'ALLEZ-VOUS FAIRE AVEC L'ARSENIC ?
- JE VAIS TUER MON MARI.
- QUOI ?? JE NE PEUX PAS VOUS VENDRE ÇA POUR COMMETTRE UN MEURTRE !
ALORS LA FEMME SORT DE SON SAC UNE PHOTO DE SON MARI EN TRAIN DE FAIRE L'AMOUR À LA FEMME DU PHARMACIEN.
- AH, MAIS ÇA CHANGE TOUT. VOUS AVEZ UNE ORDONNANCE ?

BLAGUE 127

LE DIRECTEUR D'UN HÔPITAL RATTRAPE UN PATIENT QUI SORT EN COURANT PIEDS NUS DE SON ÉTABLISSEMENT :

- MAIS ENFIN MONSIEUR, POURQUOI VOUS ÊTES-VOUS ENFUI DU BLOC OPÉRATOIRE ?

- C'EST PARCE QUE L'INFIRMIÈRE A DIT : « ALLONS SOYEZ COURAGEUX CE N'EST QU'UNE APPENDICITE, C'EST SIMPLE COMME OPÉRATION ! »

- ET ALORS ! ELLE A DIT ÇA POUR VOUS RASSURER !

- CE N'ÉTAIT PAS À MOI QU'ELLE LE DISAIT, MAIS AU CHIRURGIEN !

BLAGUE 128

LES NÉVROSÉS CONSTRUISENT DES CHÂTEAUX EN ESPAGNE, LES MYTHOMANES CROIENT LES HABITER, LES PSYCHIATRES RÉCOLTENT LES LOYERS.

BLAGUE 129

UNE VIEILLE DAME EST HOSPITALISÉE.

À L'ACCUEIL DE L'HÔPITAL, UNE INFIRMIÈRE LUI DEMANDE :

- QUEL EST LE NOM DU MÉDECIN QUI VOUS SUIT ?

ET LA VIEILLE DAME RÉPOND :

- VOUS VOYEZ BIEN QUE JE SUIS VENUE SEULE !

BLAGUE 130

UN OPHTALMO INSTALLE SON CLIENT DEVANT UN TABLEAU RECOUVERT DE LETTRES DE TAILLE DÉCROISSANTE.

- POUVEZ-VOUS LIRE CECI ? LUI DEMANDE-T-IL EN DÉSIGNANT UNE LIGNE OÙ EST INSCRIT : BRZEMYSLWXIKSI.

- BIEN SÛR ! DIT LE PATIENT, JE SUIS POLONAIS !

BLAGUE 131

- DOCTEUR, JE ME PRENDS POUR L'HOMME INVISIBLE.

- QUI A DIT ÇA ?

BLAGUE 132

CIRCULAIRE DIFFUSÉE DANS LES HÔPITAUX DES ARMÉES : « TROP DE THERMOMÈTRES AYANT ÉTÉ CASSÉS, ON NE PRENDRA PLUS LA TEMPÉRATURE QU'AUX MALADES FÉBRILES. »

BLAGUE 133

UN HOMME MALADE VOIT SON MÉDECIN RENTRER
ET LUI DEMANDE:
- ALORS QUEL EST LE RESULTAT DE MON TEST ?
  JE MEURS DE CURIOSITÉ.
- EH EH... PAS SEULEMENT DE CURIOSITÉ.

BLAGUE 134

- DOCTEUR, JE CROIS QUE JE ME SUIS CASSÉ LA
  JAMBE À DEUX ENDROITS.
- ET SI VOUS ARRÊTIEZ DE TRAÎNER DANS CES
  ENDROITS-LÀ ?

BLAGUE 135

DEUX CHIRURGIENS ESTHÉTIQUES SE RETROUVENT
SUR LEUR PARCOURS DE GOLF FAVORI. ILS EN
PROFITENT POUR DISCUTER :
- J'AI OPÉRÉ LA FEMME DU NOTAIRE LA SEMAINE
  DERNIÈRE.
- AH OUI ? ET POUR QUOI ?
- POUR À PEU PRÈS 5 000 EUROS.
- OUI, MAIS QU'EST-CE QU'ELLE AVAIT ?
- A PEU PRÈS 5 000 EUROS.

BLAGUE 136

UN PATIENT SOUHAITE AVOIR UNE CHIRURGIE D'ALLONGEMENT DE LA VERGE ET QU'ELLE TOUCHE LE SOL. LE CHIRURGIEN L'A ALORS ADRESSÉ À MON COLLÈGUE ORTHOPÉDISTE POUR UNE AMPUTATION DES DEUX CUISSES !

BLAGUE 137

UNE FEMME OBÈSE VA CHEZ LE MÉDECIN :

- DOCTEUR, J'AIMERAIS ENLEVER MES POIGNÉES D'AMOUR.

LE MÉDECIN RÉPOND:

- ET BIEN, ON VA D'ABORD COMMENCER PAR ENLEVER CELLES DE VOTRE FRIGO.

BLAGUE 138

UN MÉDECIN DIT À SON COLLÈGUE : « ON SE RETROUVE EN SALLE DE STAFF ». ET L'AUTRE LUI RÉPOND, GAILLARD : « N'OUBLIE PAS DE PRENDRE TON BRISTOPEN POUR PRENDRE DES NOTES. »

BLAGUE 139

LE ROI SOUFFRE DES DENTS. SON DENTISTE LUI DIT :

– SIRE, IL FAUDRAIT CHANGER DE COURONNE.

– AH ÇA JAMAIS ! RÉPOND LE ROI.

BLAGUE 140

PSYCHANALYSTE : QUELQU'UN QUI POSE BEAUCOUP DE QUESTIONS TRÈS TRÈS CHÈRES, QUE VOTRE CONJOINT VOUS AURAIT POSÉES POUR RIEN.

BLAGUE 141

– LE GÉNÉRALISTE SAIT TOUT MAIS NE PEUT RIEN,

– LE CHIRURGIEN NE SAIT RIEN MAIS PEUT TOUT,

– LE PSYCHANALYSTE NE SAIT RIEN ET NE PEUT RIEN,

– LE MÉDECIN-LÉGISTE SAIT TOUT... MAIS 24H TROP TARD !!!

BLAGUE 142

LETTRE REÇUE PAR UN DOCTEUR : DOCTEUR, JE N'EN PEUX PLUS. MON MARI EST ACTUELLEMENT INTENABLE. IL A ENVIE DE MOI TOUT LE TEMPS ET IL ME PREND PARTOUT, DANS LA CHAMBRE, DANS LA CUISINE, QUAND JE FAIS LE MÉNAGE, LA CUISINE, ETC... QUE PUIS-JE FAIRE ?

PS : EXCUSEZ MON ÉCRITURE SACCADÉE.

BLAGUE 143

- DOCTEUR, JE VOUS EN SUPPLIE, NE ME LAISSEZ PAS DANS L'INQUIÉTUDE. DITES-MOI TOUTE LA VÉRITÉ !

- OUI, MAIS VOUS RISQUEZ D'ÊTRE CHOQUÉ !

- CE N'EST PAS GRAVE, JE VEUX SAVOIR !

- VOUS N'ALLEZ PAS NOUS FAIRE UN MALAISE ?

- NON.

- EH BIEN, VOILÀ ! VOTRE BELLE-MÈRE EST HORS DE DANGER !

BLAGUE 144

- DOCTEUR ! J'AI VU TROIS AUTRES MÉDECINS, ET PAS UN N'EST D'ACCORD AVEC VOTRE DIAGNOSTIC !

- ON VERRA BIEN QUI AVAIT RAISON À L'AUTOPSIE !

BLAGUE 145

UN HOMME VA CHEZ SON MÉDECIN POUR AVOIR LE RÉSULTAT DE SES
ANALYSES.
- ALORS VOYONS, VOUS AVEZ DES CAILLOUX DANS LES REINS ET DU SABLE
  DANS LES URINES.
- ARRÊTEZ DOCTEUR, AU TRAIN OÙ ÇA VA, SI J'ÉJACULE, JE VAIS FAIRE DU
  BÉTON.

BLAGUE 146

DANS UNE CLINIQUE, UN MÉDECIN FAIT SA TOURNÉE DES CHAMBRES, QUAND
IL TOMBE SUR UN TYPE EN TRAIN DE SE MASTURBER VIOLEMMENT. CHOQUÉ,
IL INTERPELLE UN INFIRMIER ET LUI DEMANDE CE QUI SE PASSE. L'INFIRMIER
LUI RÉPOND : « CE MONSIEUR SOUFFRE D'UNE MALADIE ASSEZ RARE, QUI
OCCASIONNE UNE SURPRODUCTION DE SPERME DANS LES TESTICULES. S'IL
NE SE MASTURBE PAS TOUTES LES DEUX HEURES, SES TESTICULES PEUVENT
EXPLOSER ET IL PEUT MOURIR DANS D'ATROCES SOUFFRANCES... »
LE MÉDECIN EST ÉTONNÉ MAIS CONTINUE SA TOURNÉE. DEUX CHAMBRES PLUS
LOIN, VOILÀ UNE INFIRMIÈRE EN TRAIN DE FAIRE UNE GÂTERIE À UN PATIENT
COMME SI SA VIE EN DÉPENDAIT ! IL RAPPELLE L'INFIRMER ET LUI DEMANDE :
- ET ÇA, C'EST QUOI ?
- LA MÊME CHOSE, MAIS LUI, IL A UNE EXCELLENTE MUTUELLE...

BLAGUE 147

TROIS AMIES MÉDECINS PARTENT ENSEMBLE EN VACANCES DANS UN PAYS
TROPICAL. ELLES RENTRENT EN AYANT TOUTES CHOPÉ LA TOURISTA...
QUELQUES SEMAINES PLUS TARD, ELLES PRENNENT LE THÉ ENSEMBLE. LA
PREMIÈRE DIT AUX AUTRES :
- TIENS, EN PARLANT DE LA TOURISTA QUE NOUS AVIONS CHOPÉE, JE SUIS BIEN
  GUÉRIE. IL FAUT DIRE QUE MON MARI EST GASTRO-ENTÉROLOGUE, DONC ÇA AIDE...
LA DEUXIÈME DIT :
- IDEM POUR MOI. EN DEUX JOURS, C'ÉTAIT RÉGLÉ GRÂCE À MON MARI
  SPÉCIALISÉ DANS LES MALADIES TROPICALES...
LA TROISIÈME DIT :
- BEN MOI, MON MARI EST PSYCHIATRE. JE ME FAIS ENCORE DESSUS, MAIS
  MAINTENANT AU MOINS, J'EN SUIS FIÈRE !

BLAGUE 148

LE PROFESSEUR MONTRE À UNE ÉTUDIANTE EN MÉDECINE UNE RADIO.

- IL SUFFIT D'UN REGARD SUR CE CLICHÉ POUR VOIR QUE LE PATIENT A UNE JAMBE PLUS COURTE QUE L'AUTRE, CE QUI EXPLIQUE QU'IL BOÎTE. QUE FERIEZ-VOUS DANS UN CAS PAREIL ?

- DANS UN CAS PAREIL, JE CROIS QUE...MOI AUSSI JE BOITERAIS !

BLAGUE 149

QUELLE EST LA DIFFÉRENCE ENTRE DIEU ET UN CHIRURGIEN ? DIEU NE SE PREND PAS POUR UN CHIRURGIEN !

BLAGUE 150

UNE BLONDE VA CHEZ SON MÉDECIN ET LUI DEMANDE : « EXCUSEZ-MOI, C'ÉTAIT QUOI DÉJÀ ? CAPRICORNE ? VERSEAU ?

- CANCER, MADAME, CANCER ! »

BLAGUE 151

LE DOCTEUR À SON PATIENT :
- VOUS ÊTES ATTEINT D'UNE MALADIE TRÈS RARE. JE VAIS VOUS METTRE EN ISOLEMENT TOTAL, AVEC UN RÉGIME DE PIZZAS ET DE CRÊPES.
- ET VOUS PENSEZ QUE CE RÉGIME VA ME GUÉRIR DE MA MALADIE ?
- NON, MAIS CE SONT LES SEULS ALIMENTS QUE L'ON PUISSE GLISSER SOUS LA PORTE.

BLAGUE 152

UN MONSIEUR ENTRE DANS UNE PHARMACIE :
- BONJOUR ! JE SOUHAITERAIS UNE PAIRE DE LUNETTES, S'IL VOUS PLAÎT.
- POUR LE SOLEIL ?
- NON POUR MOI !

BLAGUE 153

À L'ÉCOLE DENTAIRE, UN ÉTUDIANT PASSE L'ORAL DEVANT UN PROF RÉPUTÉ ÊTRE TRÈS SÉVÈRE.
LE PROF JETTE UNE DENT EN L'AIR, LA RATTRAPE DANS SA MAIN FERMÉE ET DEMANDE : « DE QUELLE DENT S'AGIT-IL ? »
UN PEU INTERLOQUÉ, L'ÉTUDIANT JETTE SON TROUSSEAU DE CLÉS EN L'AIR, LE RATTRAPE,
ET DEMANDE : « ET MOI, J'HABITE OÙ ? »

BLAGUE 154

A L'HÔPITAL, UN VIEUX MONSIEUR COUCHÉ DANS SON LIT S'ÉPOUMONE À QUI MIEUX-MIEUX : « LE REVOLVER... LE BAZOOKA... LE CANON... LA GRENADE... »

L'INFIRMIÈRE ENTRE PRÉCIPITAMMENT DANS LA CHAMBRE ET L'ENGUIRLANDE : « NON, MAIS ÇA NE VA PAS DE CRIER DE LA SORTE... MAIS, C'EST QUOI CETTE ODEUR D'URINE ? »

ELLE SOULÈVE LES DRAPS ET S'APERÇOIT QU'ILS SONT COMPLÈTEMENT MOUILLÉS !

« C'EST DÉGOÛTANT ! VOUS AURIEZ DÛ DEMANDER LE PISTOLET... »

« VOILÀ, C'EST LE MOT QUE JE CHERCHAIS ! »

BLAGUE 155

COMMENT CACHE-T-ON 500 EUROS À UN CHIRURGIEN ORTHOPÉDIQUE ?

EN LES METTANT DANS LE DOSSIER DU PATIENT

BLAGUE 156

COMBIEN FAUT-IL DE PSYCHOLOGUES POUR CHANGER UNE AMPOULE ?

UN SEUL, MAIS IL FAUT QU'ELLE AI VRAIMENT ENVIE DE CHANGER.

BLAGUE 157

COMMENT APPELEZ-VOUS UN GARS QUI MET SES INSTRUMENTS DANS VOTRE BOUCHE ?

- UN DENTISTE

BLAGUE 158

COMMENT RECONNAÎT-ON LES GYNÉCOLOGUES À UN CONGRÈS ? CE SONT LES SEULS À PORTER LEURS MONTRES SUR LE BRAS...

BLAGUE 159

UNE GROSSE DAME ARRIVE CHEZ LE MÉDECIN AVEC SA RAVISSANTE FILLE ET LUI DIT :

- DOCTEUR, LA GORGE EST IRRITÉE ET LE THERMOMÈTRE INDIQUE 38,7.

- NOUS ALLONS VOIR CELA, FAIT LE MÉDECIN. DÉSHABILLEZ-VOUS MADEMOISELLE.

- MAIS CE N'EST PAS MA FILLE QUI EST SOUFFRANTE, DOCTEUR, C'EST MOI.

- OH PARDON, DANS CE CAS OUVREZ LA BOUCHE ET FAITES : AAAAH !

BLAGUE 160

A QUOI RECONNAÎT-ON UNE VACHE MÉDECIN ?

A SA BOUSE BLANCHE

BLAGUE 161

DOCTEUR : FAITES-VOUS DU SPORT ?

PATIENT : EST-CE QUE FAIRE L'AMOUR COMPTE ?

DOCTEUR : OUI.

PATIENT : ALORS NON.

BLAGUE 162

QUEL EST LE COMBLE POUR UN DENTISTE ?

D'AVOIR UNE DENT CONTRE QUELQU'UN.

BLAGUE 163

PENDANT UNE SÉANCE DE PIQÛRES, UN MÉDECIN DIT À UNE INFIRMIÈRE :

– SI VOUS NE VOUS APPLIQUEZ PAS À PIQUER CE MALADE, JE VOUS FAIS RECOMMENCER DIX FOIS DE SUITE !

BLAGUE 164

NE DITES PAS « DÉGÂT DES EAUX » MAIS OSTÉOPOROSE

BLAGUE 165

QUE DIT UNE PILULE DANS UN POT DE PILULES ?

– JE ME SENS COMPRIMÉE

BLAGUE 166

UNE DAME VA CHEZ SON MÉDECIN. APRÈS L'AVOIR EXAMINÉE, LE MÉDECIN DEMANDE :

- ALORS, COMMENT VONT VOS ENFANTS ?

- OH ! MON PREMIER À LA GRIPPE, LE SECOND COUVE UNE ANGINE ET MON DERNIER À LA DIARRHÉE ! ALORS QU'EST-CE QUE VOUS EN DITES ?

- OH VOUS SAVEZ, MOI ET LES CHARADES...

BLAGUE 167

UNE MAMAN APPELLE SON MÉDECIN DE FAMILLE :

- DOCTEUR, JE SUIS TRÈS INQUIÈTE POUR MA FILLE. DEPUIS QUELQUES MOIS, ELLE MARCHE TOUJOURS LA TÊTE BAISSÉE, NE RÉPOND PAS QUAND ON LUI PARLE, ET ELLE RIT SOUVENT TOUTE SEULE. QUE PEUT-ELLE BIEN AVOIR ?

- OH...PROBABLEMENT UN SMARTPHONE !

BLAGUE 168

DEUX MECS BOURRÉS DISCUTENT DANS UN BAR :

- RAH !! J'AI VRAIMENT UN BOULOT NUL !

- HA BON, QU'EST-CE QUE TU FAIS ?

- JE LIVRE DES PIZZAS. TOUTE LA JOURNÉE, JE LES VOIS, JE LES SENS, ET JE PEUX MÊME PAS LES BOUFFER !

- JE TE COMPRENDS ! MOI, C'EST PAREIL !

- T'ES LIVREUR DE PIZZA AUSSI ?

- NON, JE SUIS GYNÉCOLOGUE.

BLAGUE 169

UNE JEUNE FEMME ARRIVE CHEZ SON MÉDECIN ET LUI DEMANDE :

- DOCTEUR, À CHAQUE FOIS QUE JE ME RETROUVE SEULE DANS UNE PIÈCE AVEC UN HOMME, J'ÉPROUVE UNE IRRÉSISTIBLE ENVIE DE LUI FAIRE L'AMOUR... EST-CE QUE CETTE MALADIE PORTE UN NOM ?

- OUI, BIEN SÛR, RÉPOND LE DOCTEUR EN DÉGRAFANT SA CEINTURE, ÇA S'APPELLE UNE EXCELLENTE NOUVELLE !

BLAGUE 170

POURQUOI UNE GRANDE MAJORITÉ DE FEMMES ATTEINTES DE SURDITÉ CHOISIT-ELLE UN GYNÉCOLOGUE COMME MÉDECIN TRAITANT ? POUR SES COMPÉTENCES À LIRE SUR LES LÈVRES !

BLAGUE 171

UN HOMME EST À L'HÔPITAL ET DIT À SON INFIRMIÈRE :

- VOUS ÊTES MON INFIRMIÈRE PRÉFÉRÉE, POURRIEZ-VOUS VENIR ME VOIR QUAND JE SERAI SORTI DE CET HÔPITAL ?

- DÉSOLÉ J'ADORERAIS VENIR VOUS VOIR, MAIS J'AI HORREUR DES CIMETIÈRES.

BLAGUE 172

UN ÉLÈVE-INFIRMIER COMMENCE UN STAGE D'UNE SEMAINE EN MILIEU HOSPITALIER. DEUX JOURS PLUS TARD, IL REVIENT À L'ÉCOLE D'INFIRMIERS. UN POTE LUI DEMANDE :
- MAIS...TU NE DEVAIS PAS FAIRE UN STAGE D'UNE SEMAINE ?
- SI, MAIS J'AI COMMIS UNE PETITE ERREUR ET J'AI ÉTÉ VIRÉ !
- AH ? TU AS FAIT QUOI COMME ERREUR ?
- BEN, AU LIEU DE FAIRE UN LAVEMENT AU PATIENT DE LA CHAMBRE NUMÉRO 15, J'AI FAIT 15 LAVEMENTS AU PATIENT DE LA CHAMBRE NUMÉRO 1 !

BLAGUE 173

QUE DIT UN CURÉ À UN DENTISTE QUI SE MEURT ?
- QUE DIEU TE PROTHÈSE !

BLAGUE 174

C'EST UN DOCTEUR ET SA FEMME QUI ONT UNE VIOLENTE DISPUTE LE MATIN. LE MÉDECIN FINIT PAR HURLER À SA FEMME :
- TU ES NULLE AU LIT ...
ET IL S'EN VA AU BOULOT. DANS LA MATINÉE, PRIS DE REMORDS, IL DÉCIDE D'APPELER SA FEMME AU TÉLÉPHONE POUR S'EXCUSER ET TENTER DE FAIRE LA PAIX. LE TÉLÉPHONE SONNE, SONNE, SONNE ENCORE... APRÈS PLUS D'UNE MINUTE DE SONNERIE, LA FEMME DÉCROCHE, LA VOIX HALETANTE :
- OÙ ÉTAIS-TU POUR ÊTRE ESSOUFFLÉE COMME ÇA ? DEMANDE LE MÉDECIN
- J'ÉTAIS DANS LA CHAMBRE, EN HAUT.
- ET QU'EST-CE QUE TU FAISAIS ENCORE AU LIT À 11 HEURES DU MATIN ?
- C'ÉTAIT POUR AVOIR UN DEUXIÈME AVIS.

BLAGUE 175

UNE BLONDE VIENT D'ACCOUCHER DE JUMEAUX ET PLEURE À N'EN PLUS FINIR. L'INFIRMIÈRE LUI DEMANDE ALORS :

- MAIS POURQUOI PLEUREZ-VOUS AUTANT ? VOUS ÊTES MAINTENANT MÈRE DE 2 BÉBÉS RESPLENDISSANTS ET EN BONNE SANTÉ !

- JE SAIS BIEN, MAIS JE NE SAIS PAS QUI EST LE PÈRE DU DEUXIÈME !

BLAGUE 176

TOTO TOURNE COMME UN LION EN CAGE DANS LA SALLE D'ATTENTE DE LA MATERNITÉ CAR SA FEMME EST EN TRAIN D'ACCOUCHER.

APRÈS QUATRE HEURES DE SOLITUDE ANGOISSÉE, UN AUTRE HOMME, M. DUPONT, ENTRE. IL EST DANS LE MÊME ÉTAT.

QUATRE HORRIBLES HEURES PLUS TARD, L'INFIRMIÈRE S'APPROCHE DE M. DUPONT ET LUI DIT :

- FÉLICITATIONS ! VOUS ÊTES PÈRE D'UN JOLI GARÇON !

ET TOTO D'INTERVENIR :

- EXCUSEZ-MOI, MADEMOISELLE, MAIS J'ÉTAIS LÀ AVANT !

BLAGUE 177

UN JEUNE PAPA DE TRIPLÉS DEMANDE AU MÉDECIN QUI VIENT D'ACCOUCHER SA FEMME :

- DITES-MOI, POURQUOI AI-JE EU DES TRIPLÉS ?

- VOUS SAVEZ ÇA DÉPEND DE PLUSIEURS FACTEURS...

- J'EN ÉTAIS SÛR... LES ENFOIRÉS...

BLAGUE 178

- DOCTEUR ! J'AI CASSÉ MA DENT AVEC LA FÈVE DE LA GALETTE...
- PUISQUE VOUS ÊTES LE ROI JE VAIS LA COURONNER !

BLAGUE 179

- BONJOUR MME X.
- BONJOUR, VOUS NE M'AVEZ PAS DONNÉ ASSEZ DE COMPRIMÉS POUR MA PILULE.
- OK, NOUS ALLONS REGARDER CELA. JE VOIS QUE NOUS VOUS AVONS DONNÉ UNE BOITE DE 3 PLAQUETTES IL Y A UN PEU PLUS D'UN MOIS ET CELA DOIT COUVRIR 3 MOIS. DONC NON, IL DOIT VOUS EN RESTER.
- AH NON ! JE VOUS DIS QUE NOUS AVONS TOUT PRIS.
- COMMENT ÇA « NOUS » ?
- BAH OUI, MON MARI ET MOI !

BLAGUE 180

À LA CAMPAGNE, AVANT LA GUERRE, UNE SAGE-FEMME S'APPROCHE D'UNE MAISON POUR L'ARRIVÉE D'UN HEUREUX ÉVÈNEMENT. ELLE RENTRE DANS LA CHAMBRE DE LA FUTURE MAMAN, LAISSE LE PÈRE DEHORS, PUIS RESSORT AU BOUT DE 5 MINUTES EN DEMANDANT UNE TENAILLE.

LE PÈRE, PASSABLEMENT INQUIET VA CHERCHER LA TENAILLE, ET LA SAGE-FEMME PREND L'OUTIL ET REFERME RAPIDEMENT LA PORTE.

5 MINUTES PLUS TARD ELLE RESSORT EN SUEUR ET DEMANDE UNE SCIE À MÉTAUX. LE PÈRE, BLANC COMME UN LINGE, VA LA CHERCHER, ET LA SAGE-FEMME RENTRE DANS LA CHAMBRE AVEC LA SCIE. PUIS 5 MINUTES PLUS TARD, LA SAGE-FEMME RESSORT L'AIR ABATTU. LE PÈRE DEMANDE ALORS, D'UNE VOIX FAIBLE ET RAUQUE :

- IL Y A UN PROBLÈME ? QUE SE PASSE-T-IL ?
- IL VA FALLOIR APPELER UNE AUTRE SAGE-FEMME... J'ARRIVE PAS À OUVRIR MA SACOCHE.

BLAGUE 181

UNE FEMME SE REND DANS UNE PHARMACIE ET ACHÈTE POUR 500€ DE PRODUITS AMINCISSANTS. PUIS ELLE DEMANDE AU PHARMACIEN :

- VOUS PENSEZ QUE JE VAIS PERDRE COMBIEN ?

ET LE PHARMACIEN RÉPOND :

- 500 €

BLAGUE 182

- JE VAIS ENLEVER LA DENT. SI JE VOUS FAIS MAL, CRIEZ TRÈS FORT.
- ÇA SERA SI DOULOUREUX QUE ÇA ?
- NON, MAIS IL Y A 10 PERSONNES DANS LA SALLE D'ATTENTE, ET JE NE VEUX SURTOUT PAS RATER LE MATCH !

BLAGUE 183

UN MÉCANICIEN RÉPARE LA MOTO D'UN CHIRURGIEN CARDIAQUE. « VOUS ET MOI, ON FAIT LE MÊME MÉTIER, TOUT EST QUESTION DE TUYAUTERIE ET DE CIRCULATION DE FLUIDES. » LE CHIRURGIEN DE LUI RÉPONDRE : « EH BIEN DANS CE CAS, RÉPAREZ DONC MA MOTO LE MOTEUR ALLUMÉ . »

BLAGUE 184

UNE FEMME EST TRANSPORTÉE EN AMBULANCE...

FEMME : « JE VAIS BIEN ? »

MÉDECIN : « OUI MADAME, NE VOUS INQUIÉTEZ PAS C'EST JUSTE QUELQUES ÉGRATIGNURES SUR VOTRE JAMBE. »

FEMME : « JE PEUX VOIR ? »

MÉDECIN : « ÇA VA ÊTRE COMPLIQUÉ, LA JAMBE EST DANS L'AUTRE AMBULANCE. »

BLAGUE 185

COMMENT RECONNAIT-ON UN ANESTHÉSISTE ? C'EST LE TYPE MAL RÉVEILLÉ À CÔTÉ DU TYPE MAL ENDORMI...

BLAGUE 186

SI À L'HÔPITAL TU VOIS UNE INFIRMIÈRE AVEC UN THERMOMÈTRE SUR L'OREILLE, DIS-TOI BIEN QU'IL Y A UN PATIENT AVEC UN STYLO DANS LE CUL !

BLAGUE 187

UN PATIENT VA CHEZ LE PSYCHANALYSTE QUI LUI FAIT PASSER LE TEST DE RORSCHACH ; IL LUI MONTRE UN CERCLE AVEC UN POINT À L'INTÉRIEUR ET DEMANDE : « QUE VOYEZ-VOUS ? »

LE PATIENT RÉPOND : « DEUX PERSONNES EN TRAIN DE FAIRE L'AMOUR AU MILIEU D'UNE PIÈCE RONDE. »

LE PSYCHANALYSTE MONTRE ALORS AU PATIENT UN CARRÉ AVEC UN POINT À L'INTÉRIEUR : « ET QUE VOYEZ-VOUS ICI ? »

LE PATIENT RÉPOND : « DEUX PERSONNES EN TRAIN DE FAIRE L'AMOUR AU MILIEU D'UNE PIÈCE CARRÉE. »

LE PSYCHANALYSTE LUI MONTRE ENFIN UN TRIANGLE AVEC UN POINT À L'INTÉRIEUR : « ET QUE VOYEZ-VOUS MAINTENANT ? »

LE PATIENT RÉPOND : « DOCTEUR... VOUS NE SERIEZ PAS UN PEU PERVERS PAR HASARD ?!? »

BLAGUE 188

- MAMAN, MAMAN, J'AI MAL À L'ŒIL, IL FAUT QUE TU M'EMMÈNES CHEZ LE ZIEUTISTE !

- MAIS MON CHÉRI, CE N'EST PAS LE ZIEUTISTE, C'EST L'OCULISTE !

- MAIS MAMAN, C'EST PAS LÀ QUE J'AI MAL.

BLAGUE 189

QUE FAIT UN PSYCHIATRE QUAND SON PATIENT EST ABSENT À SON RDV ? IL COMMENCE SANS LUI.

BLAGUE 190

QUELLE EST LA DIFFÉRENCE ENTRE UN DENTISTE ET UN PROFESSEUR ?

LE DENTISTE DIT D'OUVRIR LA BOUCHE ET LE PROF DE LA FERMER !

BLAGUE 191

UN INFIRMIER VOIT UN FOU EN TRAIN DE TAPER SUR UN MUR AVEC UN MORCEAU DE PAIN. L'INFIRMIER LUI DEMANDE ALORS :

- MAIS QUE FAITES-VOUS ?

- JE CASSE LA CROÛTE ! RÉPOND LE FOU

BLAGUE 192

UN HOMME CONSULTE SON MÉDECIN.

- DOCTEUR, JE CRAINS DE DEVENIR SOURD. JE N'ENTENDS PLUS MA FEMME QUAND ELLE ME PARLE.

- EH BIEN, JE PENSE QUE VOUS DEVRIEZ SORTIR PLUS SOUVENT, PASSER VOS SOIRÉES AU BISTROT OU BIEN COURIR LES FILLES.

- ET VOUS CROYEZ QUE J'ENTENDRAI MIEUX ?

- NON, MAIS VOTRE FEMME CRIERA PLUS FORT !

BLAGUE 193

DANS UN BAR, UN HOMME SE TOURNE VERS UNE FEMME TRÈS SÉDUISANTE ET LUI DIT :

– ON NE SE SERAIT PAS DÉJÀ VU QUELQUE PART ?

LA JOLIE DAME RÉPOND D'UNE VOIX BIEN FORTE :

– OUI, OUI, NOUS NOUS SOMMES DÉJÀ RENCONTRÉS À MON TRAVAIL : JE SUIS LA SECRÉTAIRE DU DOCTEUR DURAND, LE SPÉCIALISTE DES MALADIES VÉNÉRIENNES !

BLAGUE 194

DEUX MOLAIRES FONT LA CONVERSATION. « VOULEZ-VOUS QUE NOUS ALLIONS DÎNER ENSEMBLE CE SOIR ? DEMANDE L'UNE D'ELLES. »

« OH, JE SUIS DÉSOLÉE, RÉPOND L'AUTRE. CE SOIR, C'EST IMPOSSIBLE, J'AI UN BRIDGE ! »

BLAGUE 195

UN HOMME QUI VIENT DE SUBIR UNE BATTERIE DE TESTS À L'HÔPITAL SE RETROUVE EN SALLE DE CONVALESCENCE, OÙ IL SE REMET TRÈS PÉNIBLEMENT DE SON ANESTHÉSIE. IL ENTROUVRE LES YEUX ET APERÇOIT SA FEMME QUI ATTEND SON RÉVEIL DEPUIS PLUSIEURS HEURES : « TU ES VRAIMENT SUPERBE ! LUI DIT-IL. »

CELLE-CI ROUGIT, FLATTÉE, ET LE VOIT REPLONGER DANS LE SOMMEIL SOUS L'EFFET DES SÉDATIFS. QUELQUES HEURES PLUS TARD, IL OUVRE À NOUVEAU LES YEUX ET LUI DIT CETTE FOIS : « TU ES JOLIE ! » TOUJOURS FLATTÉE, QUOIQU'UN PEU DÉÇUE, ELLE LUI DEMANDE D'UN TON AMUSÉ : « TU VEUX DIRE QUE JE NE SUIS PLUS SUPERBE ? » CE À QUOI, IL RÉPOND : « C'EST-À-DIRE QUE LES MÉDICAMENTS ME FONT UN PEU MOINS D'EFFET... »

BLAGUE 196

LE MÉDECIN DIT À SON PATIENT :

- DÉSOLÉ, MONSIEUR DURAND, MAIS J'AI UNE BONNE NOUVELLE ET AUSSI, MALHEUREUSEMENT, UNE TRÈS MAUVAISE NOUVELLE À VOUS ANNONCER !

- BEN, COMMENCEZ DONC PAR LA TRÈS MAUVAISE !

- EH BIEN, VOUS AVEZ CONTRACTÉ UNE MALADIE INCONNUE À CE JOUR. CELA SIGNIFIE QU'ON NE VA PAS SAVOIR QUOI FAIRE POUR VOUS SOIGNER !

- AH ? ET LA BONNE NOUVELLE ?

- L'ACADÉMIE DE MÉDECINE A DÉCIDÉ DE DONNER VOTRE NOM À CETTE NOUVELLE MALADIE !

BLAGUE 197

- DOCTEUR, J'AI UN PROBLÈME. TOUS LES SOIRS, QUAND JE ME COUCHE, J'AI L'IMPRESSION QU'IL Y A QUELQU'UN CACHÉ SOUS MON LIT. ALORS, JE ME RELÈVE POUR REGARDER SOUS LE LIT, ET, BIEN SÛR, IL N'Y A PERSONNE. DOCTEUR, TOUT ÇA ME POURRIT LA VIE, POUVEZ-VOUS FAIRE QUELQUE CHOSE ?

- HUM... JE VOIS... OBSESSIONNEL COMPULSIF... COMPTEZ QUATRE ANS D'ENTRETIENS DE PSYCHOTHÉRAPIE, À RAISON DE TROIS SÉANCES PAR SEMAINE, ET JE VOUS GUÉRIS DE VOTRE OBSESSION.

- EUH... ET ÇA VA ME COÛTER COMBIEN, DOCTEUR ?

- 60 EUROS PAR SÉANCE. DONC, 720 PAR MOIS OU 8.640 EUROS PAR AN ET DONC 34.560 EUROS AU FINAL.

- EUH... JE CROIS QUE JE VAIS RÉFLÉCHIR...

SIX MOIS PLUS TARD, LE PSYCHIATRE RENCONTRE LE TYPE DANS LA RUE, PAR HASARD :

- ALORS ? POURQUOI N'ÊTES-VOUS JAMAIS REVENU ME VOIR ?

- 34.560 EUROS ? MON LIVREUR DE PIZZA M'A RÉSOLU MON PROBLÈME, POUR SEULEMENT 30 EUROS !

- VOTRE LIVREUR DE PIZZA ?? VRAIMENT ?? ET COMMENT A-T-IL FAIT ?

- IL M'A CONSEILLÉ DE SCIER LES PIEDS DE MON LIT !!

BLAGUE 198

COMMENT FAIT UN CHIRURGIEN POUR OPÉRER SANS ANESTHÉSIE ? IL MET DES BOULES QUIES !

BLAGUE 199

QUELLE EST LA DIFFÉRENCE ENTRE UN THERMOMÈTRE BUCCAL ET UN THERMOMÈTRE RECTAL ?

LE GOUT.

BLAGUE 200

SOUVENEZ-VOUS D'ÊTRE TOUJOURS COURTOIS AVEC LES INFIRMIÈRES.

CE SONT ELLES QUI CHOISISSENT LA TAILLE DE VOTRE CATHÉTER !

Printed in Great Britain
by Amazon